Arnulf Moser

70 Jahre Ortsverein der AWO (Arbeiterwohlfahrt) in Konstanz (1946-2016)

Bibliografische Information der Deutschen Nationalbibliothek
Die Deutsche Nationalbibliothek verzeichnet diese Publikation
in der Deutschen Nationalbibliografie; detaillierte bibliografische Daten
sind im Internet über http://dnb.d-nb.de abrufbar.

Das Werk einschließlich aller seiner Teile ist urheberrechtlich geschützt. Jede Verwertung außerhalb der engen Grenzen des Urheberrechtsgesetzes ist ohne Zustimmung des Verlages unzulässig und strafbar. Das gilt insbesondere für Vervielfältigungen, Übersetzungen, Mikroverfilmungen und die Einspeicherung und Verarbeitung in elektronischen Systemen.

© 2016
Herstellung und Verlag: BoD – Books on Demand, Norderstedt
ISBN: 978-3-7412-7049-9

Inhaltsverzeichnis

Teil 1: Die Geschichte der AWO in Konstanz   5

1. Die AWO in Deutschland 1919-1933   5
2. Der Ortsausschuss Konstanz vor 1933   7
3. Die AWO in Deutschland nach 1945   8
4. Die AWO im Jubiläumsjahr 1969   11
5. Die AWO von 1986 bis heute   12
6. Die AWO in Südbaden nach 1945   14
7. Die AWO im Bezirk Baden 2007   19
8. Der Ortsverein Konstanz der AWO nach dem Zweiten Weltkrieg   21
    - 8.1 Quellenlage   21
    - 8.2 Gründung des Ortsvereins   22
    - 8.3 Mitglieder   22
    - 8.4 Vorsitzende   25
    - 8.5 Frauen in der AWO   26
    - 8.6 Politische Aktivitäten der AWO-Führung   27
    - 8.7 Geschäftsstellen, Vereinsräume   27
    - 8.8 Finanzen   33
9. Aktivitäten des Ortsvereins   38
    - 9.1 Regelmäßige Schwerpunkte und deren Entwicklung im Laufe der Zeit   38
    - 9.2 Der Ortsverein im Chérisy-Areal   48
10. Jens Bodamer: Reaktion auf gesellschaftliche Veränderung – Die jüngste Entwicklung des AWO Ortsvereins von 2010 bis 2016   51

Teil 2: Jahreschronik der AWO in Konstanz   57

Bildnachweis   144

Teil 1: Die Geschichte der AWO in Konstanz

1. Die AWO in Deutschland 1919 -1933

Die Arbeiterwohlfahrt wurde am 13. Dezember 1919 als Unterorganisation der SPD gegründet. Zentrales Organ war der Hauptausschuss. Arbeitsgebiete waren damals Kinderschutz, Mutterschutz, Erholungsmaßnahmen für Kinder, Jugendhilfe, Auswandererfürsorge, Notstandsküchen, Werkstätten für Erwerbslose und Behinderte, Nähstuben und Beratungsstellen. Ein besonderes Ziel war die Reform der Heimerziehung.

Die Schlagworte der AWO waren „Gleichheit, Brüderlichkeit, Solidarität". Im Jahre 1924 bestanden bereits 1.200 Orts- und Kreisvereine mit 24.000 ehrenamtlichen Mitgliedern, im Jahre 1933 gab es 2.600 Ortsausschüsse mit 135.000 aktiven Mitgliedern. In der Weltwirtschaftskrise beteiligte sich die AWO am allgemeinen Winterhilfswerk, mit Werkstätten für arbeitslose Jugendliche, mit Volksküchen und außerdem beim Freiwilligen Arbeitsdienst. Im Jahre 1933 wurde die AWO gleichgeschaltet, in die Deutsche Arbeitsfront überführt und schließlich aufgelöst. Die Gründerin und Vorsitzende Marie Juchacz, Reichstagsabgeordnete und Leiterin des Frauensekretariats im Vorstand der SPD, emigrierte nach Frankreich und später nach New York.

Marie Juchacz, 1879-1956

Arbeiterwohlfahrt

Herausgegeben vom ☸ Hauptausschuß für Arbeiterwohlfahrt in der Deutschen Arbeitsfront

| 8. Jahrgang | 15. Juli 1933 | 14. Heft |

Die soziale Tätigkeit hat ihre Aufgabe nie und nimmer in ebenso lächerlichen wie zwecklosen Wohlfahrtsduseleien zu erblicken, als vielmehr in der Beseitigung solcher grundsätzlicher Mängel in der Organisation unseres Wirtschafts- und Kulturlebens, die zu Entartungen einzelner führen müssen oder wenigstens verleiten können.

Adolf Hitler
(in „Mein Kampf")

Letzte Ausgabe der Zeitschrift Arbeiterwohlfahrt 1933

2. Der Ortsausschuss Konstanz vor 1933

Man kann davon ausgehen, dass es bereits vor 1933 in Konstanz einen Ortsausschuss der Arbeiterwohlfahrt gegeben hat. Die Adressbücher der Stadt Konstanz vor 1933 enthalten einen Abschnitt „Vereine und Verbände" mit einer großen Zahl von Adressen und Namen, z.B. gab es einen Arbeiterfortbildungsverein. Aber die Arbeiterwohlfahrt taucht in dem Verzeichnis nicht auf. Allerdings war sie damals eine Untergliederung der SPD. Andererseits nennt die Zeitschrift „Arbeiterwohlfahrt", herausgegeben vom Hauptausschuss für Arbeiterwohlfahrt, für den 1. Juli1926 elf Ortsausschüsse in Baden, für den 1. Januar 1927 bereits 21 und für den Sommer 1928 sogar 35 Ortsausschüsse sowie Vertrauensleute in 15 weiteren Orten. In einem Bericht über die Sommerarbeit der AWO in Baden im Sommer 1927 geht es um Ferienaufenthalte für erholungsbedürftige Kinder sowie um den Ausbau der örtlichen Erholungsfür-

Aus der Arbeiterwohlfahrt.

Der Beauftragte der Deutschen Arbeitsfront bei der Arbeiterwohlfahrt e. V. hat folgendes Rundschreiben erlassen:

Kameraden, Mitarbeiter der Arbeiterwohlfahrt!

Die Einheitsfront des deutschen Arbeitertums ist geschaffen. Unser Volkskanzler Adolf Hitler ist Schirmherr der deutschen Arbeitsfront. Zum ersten Male in der deutschen Geschichte ist damit über alle Parteien- und Richtungsstreitigkeiten hinweg zur Tagesordnung übergegangen worden. Die Einheitsgewerkschaft aller Arbeiter und Angestellten ist im Aufbau begriffen. Hierzu gehört aber auch als untrennbarer Teil von dem großen Ganzen, als eine der wichtigsten Aufgaben an dem Wiederaufbau unseres Volkes die Pflege und Fürsorge für unsere in Not geratenen deutschen Brüder und Schwestern. Nicht Almosenempfänger sollen durch unsere Wohlfahrt erzogen werden, sondern mit verständnisvoller Unterstützung wollen wir unsere hilfsbedürftigen deutschen Volksgenossen der Arbeitsfront zuführen und die Jugend für ihre Aufgabe vorbilden.

Die deutsche Arbeiterwohlfahrt, deren Leitung ich übernommen habe, setzt ihren Stolz darein, ein nützliches Glied der nationalen Front des Arbeitertums zu werden. Ich bin bestrebt, die Arbeiterwohlfahrt so auszubauen, daß sie später als Vorbild dient für alle Wohlfahrtseinrichtungen.

Vollzug der Gleichschaltung durch den Beauftragten Kabitz 1933

sorge. Genannt werden Karlsruhe, Mannheim, Heidelberg, Durlach, Pforzheim und Konstanz. Von 1101 betreuten Kindern stellte Konstanz 22. Allerdings wurden in Pforzheim und Konstanz die Kinder „in die von der Stadt durchgeführte örtliche Erholungsfürsorge eingereiht", während in den anderen Orten die Kinder von eigenen Helfern und Helferinnen der AWO betreut wurden.

(Arbeiterwohlfahrt, Bd. 2/1927, S.567-569 und S. 630- 632, Bd. 3/1928, S. 410-412)

3. Die AWO in Deutschland nach 1945

Nach dem Zweiten Weltkrieg wurde die Arbeiterwohlfahrt als selbständige Wohlfahrtsorganisation im Geiste von „Solidarität, Toleranz, Freiheit, Gleichheit und Gerechtigkeit" neu gegründet und der Hauptausschuss der Arbeiterwohlfahrt Anfang 1946 für die drei westlichen Besatzungszonen neu gebildet. In der sowjetischen Zone wurde die Organisation „Volkssolidarität" gegründet.

Für die Kontinuität in der AWO stand Lotte Lemke. Sie war von 1930 bis 1933 und wiederum ab 1946 Geschäftsführerin der AWO. Schließlich wurde sie 1965 zur Vorsitzenden der AWO gewählt.

Kundgebung der Arbeiter-Wohlfahrt

FREITAG, DEN 4. OKTOBER 1946, 8:30 P. M.

in der

RAND SCHOOL OF SOCIAL SCIENCE, 7 East 15th Street, New York 3, N. Y.

LEON DENNEN

Author des Buches "Trouble Zone"

spricht über

Wiederaufbau der Arbeiter-Wohlfahrt in Deutschland

Leon Dennen ist soeben von einem mehrmonatigen Aufenthalt in Deutschland zurückgekehrt, wo er im Auftrage der Labor League for Human Rights (A. F. of L.) das Werk der deutschen Arbeiterwohlfahrt studiert hat.

MARIE JUCHACZ

die Gründerin der deutschen Arbeiter-Wohlfahrt und jetzige Präsidentin der Arbeiter-Wohlfahrt (U.S.A.) wird einleitend über

Die Arbeiter-Wohlfahrt vor Hitler

sprechen.

ARBEITER-WOHLFAHRT (U. S. A.), NEW YORK
Auxiliary Committee of the Labor League for Human Rights,
President's War Relief Control Board License No. D-15

Einladung zu einer Kundgebung der Arbeiterwohlfahrt in New York mit Marie Juchacz 1946

3. Die AWO in Deutschland nach 1945

WOHLFAHRTSHÖLZER

gibt es jetzt auch in Deutschland. In Schweden wird bereits seit Jahren die Hälfte aller Zündhölzer als Wohlfahrtshölzer verkauft. Der kleine Zuschlag von nur 2 Pfennigen bedeutet für den Einzelnen kein wesentliches Opfer. Es sind aber „**goldene Pfennige**"; denn wenn **alle** Wohlfahrtshölzer benutzen, können sie viel dazu beitragen, um frohe Kinder, gesunde und tatkräftige Jugend, zufriedene Alte und genesende Kranke zu schaffen.

Verlangen Sie in Ihrem Geschäft doch bitte
stets nur **WOHLFAHRTSHÖLZER**!

Sollte Ihr Einzelhändler noch keine vorrätig haben, bitten Sie ihn, daß er sie bald vom Großhandel kommen läßt!

ARBEITSGEMEINSCHAFT DER SPITZENVERBÄNDE
DER FREIEN WOHLFAHRTSPFLEGE DEUTSCHLANDS

Arbeiterwohlfahrt, Hauptausschuß,
Centralausschuß für die Innere Mission und Hilfswerk der Evangelischen Kirche in Deutschland

Deutscher Caritasverband,
Deutsches Rotes Kreuz,
Deutscher Paritätischer Wohlfahrtsverband
Zentralwohlfahrtsstelle der Juden

Werbemittel der AWO im Jahr 1953

Die Arbeiterwohlfahrt ruft alle,

die sich zur Idee der Solidarität bekennen, zur Hilfe für die Flüchtlinge aus der Sowjetzone auf. Sie ist gewiß, daß alle Organisationen und Verbände der Arbeitnehmerschaft in dieser ernsten Stunde ihre Verbundenheit durch die Tat beweisen werden.

Alle, die ihre Heimat verließen, um die Freiheit zu gewinnen, kommen mit dem Vertrauen zu uns, hier ein neues Leben aufbauen zu können. Wir dürfen ihr Vertrauen auf unsere brüderliche Solidarität nicht enttäuschen.

Die Geschichte der Arbeiterbewegung beweist, daß vereinte Kraft vieles vermag. Auch diesmal werden wir nur **gemeinsam** der neuen Not wirksam begegnen können.

Jeder Beitrag ist wertvoll und hilft.

Fast alle Flüchtlinge kommen in den Westen ohne ausreichende Kleidung und Wäsche, ohne Hausrat und ohne die vielen Dinge des täglichen Bedarfs.

Auch die kleinste Sachspende bedeutet viel für den, der nur das hat, was er auf dem Leibe trägt.

Sammelstellen
für Spenden sind alle Geschäftsstellen der Arbeiterwohlfahrt. **Geldspenden** erbitten wir auch auf das Sonderkonto Nr. 1717 „Solidaritätsaktion" Bankhaus v. Schulz, Tegtmeyer & Co., Bonn, Hofgartenstraße 9, oder auf das Postscheck-Konto Köln Nr. 2415 „Solidaritätsaktion" Arbeiterwohlfahrt Hauptausschuß e. V.

Bonn, im März 1953

Arbeiterwohlfahrt
Hauptausschuß e. V.

Aufruf des AWO Hauptausschuß zur Hilfe für DDR-Flüchtlinge im Jahr 1953

Die Schwerpunkte der Arbeit in den westlichen Besatzungszonen lagen bei örtlicher Kindererholungsfürsorge, Kinderverschickung im In- und Ausland, Kindergärten, Verteilung internationaler Spenden, Nähstuben, Volksküchen, Kampf gegen die Kälte (Wärmestuben), Betreuung von Flüchtlingen und heimkehrenden Kriegsgefangenen. Hinzu kamen Müttererholungsfürsorge, Hauspflege, Hilfsmaßnahmen für Studenten und Bahnhofdienst. Im Jahre 1949 verfügte die neue AWO bereits über 5.000 Ortsausschüsse, 300.000 Mitglieder und 50.000 ehrenamtliche Helfer und Helferinnen.

> (Überblick: MÜLLER, C. Wolfgang: 90 Jahre und kein bisschen leiser – zur Geschichte der AWO, in: BISCHOFF, Monika u.a.: 90 Jahre AWO 1919-2009, Teil 2, Die Ausstellung, Berlin 2009, S. 57-61)

4. Die AWO im Jubiläumsjahr 1969

Im Jahre 1969, beim 50jährigen Bestehen (seit 1919), hatte die AWO 335.000 Mitglieder in 4.884 Ortsvereinen bei 75.000 ehrenamtlichen und 8.500 hauptamtlichen Mitarbeitern.

Zu den Arbeitsbereichen gehörten zu diesem Zeitpunkt:
- Ferienerholung für Kinder und Jugendliche
- Kinder- und Jugendgruppen
- Familienerholung
- Müttergenesung
- Hauspflegedienst
- Behindertenhilfe
- Altenhilfe
- Altenerholung
- Kurfürsorge
- Kinderhilfe
- individuelle Hilfen
- Jugendwohnheime
- berufsbezogene Bildungshilfen
- familienpädagogische Arbeit
- Freiwilliges Soziales Jahr
- Ziviler Ersatzdienst

- Entwicklungshilfe
- Betreuung ausländischer Arbeitnehmer.

Es gilt das Subsidiaritätsprinzip in der Zusammenarbeit von staatlichen und nichtstaatlichen Wohlfahrtsorganisationen als Merkmal des deutschen Wohlfahrtsstaates. Die AWO wird zum Wohlfahrtsverband.

(vgl. HAAR, Richard (Hg.): Helfen und Gestalten. Beiträge und Daten zur Geschichte der Arbeiterwohlfahrt, Bonn 1979, S. 49-58 und 129-138. HENNIGS, Dora: Arbeiterwohlfahrt 1919 – 1969, Bonn 1969)

5. Die AWO von 1986 bis heute

Die AWO hatte in Deutschland im Jahre 1986
- 588.000 Mitglieder
- 80.000 ehrenamtliche und
- 36.000 hauptamtliche Mitarbeiter in
- 3.803 Ortsvereinen.

Sie verfügte über
- 11.215 Auskunfts- und Beratungsstellen
- 11.263 Tagesstätten
- 1.374 ambulante Dienste
- 1.310 Dienste für jugendliche Arbeitslose
- 1.284 Mahlzeitendienste auf Rädern
- 160 Werkstätten für Behinderte und Arbeitslose.

(BISCHOFF, Monika: 90 Jahre AWO 1919-2009, Teil 2, Die Ausstellung, Berlin 2009, S. 29)

Die AWO veränderte sich ab den 90er Jahren erneut. Dazu gehörte der Ausbau moderner Wohlfahrtseinrichtungen in den neuen Bundesländern, neue Formen der internationalen Zusammenarbeit, ein neues Verhältnis von traditionellem Mitgliederverband und modernem Dienstleistungsunternehmen. Neue unternehmerische Aufgaben in eigenständigen sozialen Betrieben und soziale Dienstleistungen mussten einer Qualitätssicherung unterworfen werden, und

5. Die AWO von 1986 bis heute

ebenfalls mussten Rechtsansprüche und Leistungsverträge eingehalten werden. Dieser Wandel führte 2007 zu den „Magdeburger Grundsätzen und Eckpunkten zur Verbands- und Unternehmenspolitik der AWO". Der Bundesverband veröffentlicht bis heute regelmäßig Stellungnahmen zu Problemen des gesellschaftlichen und sozialen Lebens und umfangreiche Sozialberichte. An der Spitze des Verbandes wurden hauptamtlicher Vorstand und ehrenamtliches Präsidium getrennt. Die ehrenamtlichen Mitarbeiter sehen sich einer immer größer werdenden Zahl von Hauptamtlichen gegenüber, sollen sich aber auf Augenhöhe begegnen. Ein neues Grundsatzprogramm und ein neues Leitbild der AWO wurden 1998 beschlossen. Die Freie Wohlfahrtspflege verlor ihre Vorrangstellung im Sozialstaat und wurde zum Wohlfahrtsverband mit marktwirtschaftlichen Prinzipien und Qualitätsmanagement.

Im Jahre 2008 hatte die AWO in Deutschland
- 3.800 Ortsvereine
- 430.000 Mitglieder
- 100.000 ehrenamtliche und 146.000 hauptamtliche Mitarbeiter
- 4.500 Zivildienstleistende.

Sie betreute
- 2.100 Heime
- 4.000 Tagesstätten
- 2.305 Auskunfts- und Beratungsstellen
- 1.860 ambulante Dienste
- 2.000 Geschäftsstellen
- 400 Tages- und Werkstätten
- 3.490 Selbsthilfe-, Helfer- und andere Gruppen bürgerschaftlichen Engagements.

(BISCHOFF, Monika, 90 Jahre Arbeiterwohlfahrt 1919-2009, Teil II, Ausstellungskatalog, Berlin 2009, S. 49)

6. Die AWO in Südbaden nach 1945

Marta Schanzenbach, 1907-1997

Für die Anfänge der AWO in Südbaden nach 1945 war Marta Schanzenbach (1907-1997) aus Gengenbach die entscheidende Persönlichkeit. Als Arbeiterkind konnte sie die Bürgerschule besuchen, gründete aber 1921 gleichzeitig eine Gruppe der Sozialistischen Arbeiterjugend. Sie wurde als Kinderpflegerin ausgebildet und von 1929 bis 1931 in der Wohlfahrtsschule der AWO in Berlin zur Fürsorgerin weitergebildet. Bis 1933 war sie als Fürsorgerin am Prenzlauer Berg in Berlin tätig. Von 1943 bis 1949 arbeitete sie als Fürsorgerin im Rathaus von Gengenbach, organisierte nach Kriegsende eine Volksküche. Ihr Mann war an der Ostfront vermisst.

6. Die AWO in Südbaden nach 1945

Sie wurde 1946 Mitbegründerin des Ortsvereins der SPD, des AWO-Ortsvereins, der örtlichen Volkshochschule und vor allem 1947 des Bezirksverbandes der AWO in Freiburg, den sie bis 1976 leitete.

> SPD. Morgen, Freitag (5. Nov.), sprechen um 20 Uhr in der „Oberen Sonne" Martha Schanzenbach, Landesvorsitzende der Arbeiter-Wohlfahrt und Mitglied des Landesvorstandes der SPD, über „Die Frau in der Gegenwart", und Alfred Diesbach, Konstanz, über „Die Sozialdemokratie im Kampfe um die Neugestaltung des öffentlichen Lebens".

Ankündigung einer Veranstaltung mit Marta Schanzenbach in Konstanz, Südkurier 4. November 1948

Sie steht also auch in einer Kontinuität von der AWO vor 1933 zur AWO nach 1945. Sie war auch aktiv in der badischen Waldarbeitsschule Höllhof bei Gengenbach, in welcher Deutsche und Franzosen Seminare und Vorträge zur Demokratisierung Deutschlands abhielten. Von 1949 bis 1972 saß sie für die SPD im Deutschen Bundestag, von 1958 bis 1966 als Mitglied des Parteivorstandes der SPD. Von 1948 bis 1972 war sie stellvertretende AWO-Bundesvorsitzende.

(SCHANZENBACH, Marta: Neues Beginnen der Sozialarbeit nach Befreiung vom NS-Regime, in: OSWALD, Rolf (Hg.), 70 Jahre Einsatz für soziale Gerechtigkeit. Arbeiterwohlfahrt Baden, Karlsruhe 1988, S. 9-13, auch in: AWO-Echo Nr. 76/4, 1986. SCHANZENBACH, Marta: „Ein Kind der Arbeiterbewegung". Marta Schanzenbach im Gespräch mit Sabine Gieschler, in: C. Wolfgang MÜLLER, C. Wolfgang (Hg.): Erinnerungen an die Zukunft. Beiträge zum 75. Gründungstag der Arbeiterwohlfahrt, Frankfurt 1994, S. 31-48. TEBBEL, Renate: Marta Schanzenbach (1907-1997). Eine Frau der ersten Stunde, Freiburg 2010)

In den ersten Nachkriegsjahren stand die Betreuung, Versorgung und Erholung von Kindern im Vordergrund. Es folgte die Betreuung von Flüchtlingen, die erst mit einiger Verzögerung in die französische Besatzungszone einreisen konnten.

In der Französischen Zone mit 6 Millionen Einwohnern gab es 1949 bereits
- ca. 500 Ortsausschüsse
- 200 Beratungsstellen
- 100 Nähstuben
- 10 Kindergärten
- 10 Werkstätten
- 10 Hauspflegestationen
- 20 Heime.

(BISCHOFF, Monika u.a.: 90 Jahre AWO 1919-2009, Teil 2, Die Ausstellung, Berlin 2009, S. 24)

Mitgliederwerbung in Südbaden 1949

Die AWO Südbaden hat zum 30jährigen Bestehen der AWO (seit 1919) im Jahre 1949 einen Tätigkeitsbericht herausgebracht. Vorangestellt ist ein Geleitwort von Marie Juchacz:

„Größer und weiter gespannt sind heute die Aufgaben der Arbeiterwohlfahrt. Größer und weiter gespannt ist damit ihre Verantwortung und sittliche Pflicht gegenüber der Allgemeinheit.

Viel notwendiger ist auch heute, neben der Erfassung der Tagesaufgaben, das Eindringen in die Materie der Wohlfahrtsarbeit, in die Problematik des sozialen Lebens und in die Nöte des einzelnen Individuums. Wir sind genötigt, vom Einzelfall der Familien-, Flüchtlings-, Jugend und Kindernot ausgehend nicht nur die vorhandenen materiellen Hilfsmöglichkeiten auszuschöpfen, sondern wir müssen auch verstehen, die Kräfte der Selbsthilfe zu wecken, um damit für ein neues Leben und eine neue Persönlichkeit die Voraussetzungen zu schaffen."

Marta Schanzenbach wandte sich sowohl an die Helferinnen und Helfer als auch an die Freunde der Arbeiterwohlfahrt:

„Wer in der Wohlfahrtspflege tätig ist und durch die Nöte, die immer wieder in ihrer Vielfalt an ihn herangebracht werden, nicht verzagen will, der muss ab und zu einen Rückblick tun und prüfen, ob seine Arbeit gut und wirksam war und in einem rechten Verhältnis stand zum eigenen Leben und zur Gemeinschaft, der wir angehören.

6. Die AWO in Südbaden nach 1945

Alle, die in der Arbeiterwohlfahrt mitarbeiten, vollbringen innerhalb eines Jahres große Opfer durch das Zurückstellen der persönlichen Wünsche und durch den Einsatz für viele Menschen, die der Hilfe bedürfen. Manchmal legt sich der Helfer die Frage vor, ob diese persönliche Hilfsbereitschaft wirklich nötig ist, ob sie sich lohnt. Da wir aber in einer Zeit außergewöhnlicher sozialer Notstände leben, die besondere Maßnahmen erfordert, wenn nicht Millionen Menschen zugrunde gehen sollen, dürfen wir uns der sich aus dieser Tatsache ergebenden Zeitaufgabe nicht verschließen. Wir sind verpflichtet, unseren Teil zur Überwindung der Not beizutragen ..."

Beschrieben werden in dem Tätigkeitsbericht von 1949 Erholungsfürsorge für Kinder, Kinderheime, Kindertagesstätten, Haushaltungsschule, Müttererholung, Hauspflege, Krankenpflege, Flüchtlingsfürsorge, Nähstuben, Beratungsstellen und Schulung sowie Auslandshilfe.

Eine Geschäfts- und Beratungsstelle befand sich damals in Singen in der Ekkehardstr. 29.

(Ein Rückblick und Wegweiser. Arbeiterwohlfahrt Südbaden 1919-1949, hg. vom Landessekretariat der Arbeiterwohlfahrt Südbaden, Freiburg o.J. (1949)).

Ein weiterer Bericht über die Arbeit der AWO in Südbaden in den Jahren 1951/52 erschien 1953. Vorangestellt war ein Spruch von Albert Schweitzer:

„Was der Welt am meisten fehlt, sind Menschen, die sich mit den Nöten anderer beschäftigen. Wir haben anderen Menschen so viel zu verdanken, und wir sollten uns immer wieder fragen, ob wohl auch andere Menschen uns etwa zu verdanken haben."

Und Marta Schanzenbach schrieb zum Geleit:

„... Die Not in ihrer vielfältigen Form begegnet uns tagtäglich, und niemand sollte achtlos daran vorübergehen. Wie schnell sind Menschen, die sich sicher und geborgen fühlten, in den Strudel der Gefahren gerissen worden; denn wo gibt es in unserer Zeit noch eine sich gleichbleibende Geborgenheit? Wir haben erlebt, wie Existenzen von heute auf morgen zusammengebrochen sind, wie Menschen entwurzelt und heimatlos geworden sind oder am persönlichen Leid zerbrachen. Wenn wir nach den Ursachen der per-

	Gestiftet von der Firma:
Eine versenkbare Pfaff-Nähmaschine, Kl. 30-11-2602	Pfaff-AG., Nähmaschinenfabrik, Kaiserslautern
Ein Radio-Apparat Telefunken, „Rhythmus 52"	Telefunken-Gesellschaft für drahtlose Telegraphie, Hannover
Eine Juwel-Kleinschreibmaschine	Juwel-Schreibmaschinen-Gesellschaft, Würzburg, (Teilstiftung)
Eine Schwarzwald-Kuckucksuhr, Eintag-Halbstund-Rechenschlagwerk	„Baduf", Badische Uhrenfabrik GmbH., Furtwangen / Schwarzwald
Eine Stab-Bim-Bam-Uhr, 14-Tage-Halbstund-Rechenschlagwerk Eiche, Nußbaum	„Baduf", Badische Uhrenfabrik GmbH., Furtwangen / Schwarzwald
Eine Tischuhr Eine Viertelruf-Kuckucksuhr, Eintag-Kettenzug-Pendel	Alfred Frick Nachfolger, Uhrenfabrik, Schwenningen am Neckar
Eine Zimmeruhr,	„Baduf", Badische Uhrenfabrik GmbH., Furtwangen / Schwarzwald
Rüster, natur, feinmatt	„Baduf", Badische Uhrenfabrik GmbH., Furtwangen / Schwarzwald
Ein Oberbett	Rudolf Blahut, Bettfedern- u. Bettenhaus, (13b) Krumbach
Ein Satz Kochtöpfe (5 Stück) Eine Besteckgarnitur, (je 6 Messer, Gabeln, Löffel, Kaffeelöffel)	Westfälische Aluminiumindustrie Jünger u. Co., Lüdenscheid
Eine Fleischhackmaschine mit Spritzgebäckform	Gebr. Krusius, Stahlwarenfabrik, Solingen
Eine Fleischhackmaschine Nr. 7	Alexanderwerke Remscheid
Eine Fruchtpresse	Alexanderwerke Remscheid
Eine Bohnenschneidmaschine	Alexanderwerke Remscheid
Ferner 50 Buch- und Bildpreise	Alexanderwerke Remscheid

Prämienliste für den erfolgreichen Verkauf von Wohlfahrtsmarken 1953

sönlichen Not und der wirtschaftlichen Hilfsbedürftigkeit suchen, dann ist sie überwiegend eine Folgeerscheinung der Kriegs- und Nachkriegszeit. Der Einzelne hat es nur in beschränktem Maße in der Hand, sein Schicksal selber zu gestalten. Die Gemeinschaft muss deshalb besonders wachsam sein, um neues Unheil zu verhüten ..."

Ausführlich beschrieben werden unter dem Motto „Die Familie in Not" Müttergenesung, Zeltlager, Hauspflege, Altenheim, Kinderheim, Grundausbildung in Hauswirtschaft, Hilfsaktion für Flüchtlinge aus der Sowjetzone.

Die Geschäftsstelle in Singen befand sich zu diesem Zeitpunkt bei Carl Morlok in der Thurgauerstr. 13a.

(Unsere Arbeit 1951/52. Bezirk Südbaden, hg. von der Arbeiterwohlfahrt Bezirk Südbaden, Freiburg o.J. [1953]).

Am 17. Januar 1968 fand im Deutschen Bundestag eine Diskussion über die Antwort der Bundesregierung zu einer Großen Anfrage der CDU/CSU-Fraktion zur Situation der Kinder in Deutschland vom 7.12.1966 statt. Marta Schanzenbach, als Mitglied des Ausschusses für Familie und Jugend, nahm zur Lage der Kindergärten Stellung.

Sie behandelte Kindergärten als Ergänzung der Familienerziehung, ihre besondere Bedeutung für Einzelkinder, die geringe Zahl an Kindertagesstätten, das Fehlen von Ganztagskindergärten für berufstätige Frauen, Finanzierungsprobleme, Gruppengrößen, Personalmangel, Ausbildungsprobleme.

(Die Stellungnahme ist abgedruckt in der Zeitschrift der Arbeiterwohlfahrt „Neues Beginnen", Bd. 19/1968, S. 78-81)

7. Die AWO im Bezirk Baden 2007

Nach der Verwaltungsreform von 1973 schlossen sich die AWO Südbaden und Nordbaden 1976 zum Bezirksverband Baden mit Sitz in Karlsruhe zusammen. Aus dem Unterbezirk Bodensee wurde der Kreisverband Konstanz, jetzt ohne die Orte am Nordufer des Sees.

Im Jahre 2007 gaben die beiden Bezirksverbände Baden und Württemberg einen Überblick über 60 Jahre an Aktivitäten der AWO:

An erster Stelle standen zunächst akute Nothilfen insbesondere für Kinder und Jugendliche. Hinzu kamen Nähstuben und die Hilfe für Flüchtlinge. Mit dem ersten Altenheim in den 50er Jahren wurden die Weichen für neue Formen der Sozialarbeit gestellt von der reinen Verwahrung zur würdevollen Betreuung. Die Seniorenarbeit wurde in den 60er Jahren ein wichtiger Aufgabenschwerpunkt. Zugleich nahm die Professionalisierung zu, messbar auch an der Zunahme von hauptamtlichen Mitarbeitern. Die Liberalisierung der 70er Jahre veränderte die Sozialarbeit in Richtung partnerschaftliche Betreuung und Unterstützung von hilfsbedürftigen Menschen. Das betreute Wohnen wurde erfolgreiches und modellhaftes Projekt für ältere Menschen. Hinzu kam die Betreuung von Migranten und sogenannten Gastarbeitern oder Beratungsstellen für Suchtkranke. Der Abbau staatlicher Förderung von Sozialarbeit brachte neue Herausforderungen, etwa bei Arbeitslosigkeit, benachteiligten Jugendlichen, Armut und Wohnungslosigkeit. Über Zivildienst und Freiwilliges Soziales Jahr konnten sich Jugendliche aktiv in der Sozialarbeit engagieren. Die Seniorenarbeit blieb auch ab den 1980er Jahren ein Schwerpunkt. Ein neuer Schwerpunkt entstand ab 2000 mit der Behindertenhilfe. Um wettbewerbsfähig zu bleiben, wurde ein Qualitäts-Management-System eingeführt. Die AWO war nun ein Verband der freien Wohlfahrtpflege wie auch ein modernes soziales Dienstleistungsunternehmen.

Auswahl an Angeboten und Diensten ...

- **für ältere Menschen:**

27 Pflegeheime mit über 2.000 Plätzen
73 Betreute Seniorenwohnanlagen mit 3.700 Wohnungen
63 Städte und Gemeinden mit Mobilen Sozialen Diensten und anderen ambulanten AWO-Angeboten für Senioren

- **für kranke Menschen:**

Rehabilitationsklinik für krebskranke Kinder und ihre Familien, Jugendliche und junge Erwachsene in Schönwald/ Schwarzwald
2 Sozialtherapeutische Einrichtungen für chronisch und mehrfach kranke Menschen
20 ambulante und (teil-)stationäre Einrichtungen für psychisch kranke Menschen
Fachklinik für Suchtkranke
Jugend- und Drogenberatungsstelle

- **für Menschen in Not:**

9 Projekte für arbeitslose Jugendliche
2 Einrichtungen für Menschen ohne Wohnsitz
3 Fachberatungsstellen für wohnungslose Menschen

- **für Menschen mit Behinderung:**

4 Wohnheime
3 Schulkindergärten für Körper- und Sprachbehinderte
50 Zivildienstleistende in der Individuellen Schwerstbehindertenbetreuung

- **für Kinder, Jugendliche und Familien:**

35 Kindertagesstätten
8 stationäre und 6 ambulante Angebote der Jugendhilfe
16 Jugendzentren
5 Elternschulen
150 Mütter- und Mutter-Kind-Kuren jährlich

- **für junge Menschen:**

1 Zivildienstschule
Studentenwohnheim in Freiburg
Altenpflegeschule

Übersicht über die Angebote der AWO Baden im Jahr 2007

Die AWO Baden hatte zu diesem Zeitpunkt
- 21.000 Mitglieder
- 210 Ortsvereine
- 2.500 hauptamtliche und 3.000 ehrenamtliche MitarbeiterInnen.

Ihre Angebote und Dienste erreichten ältere Menschen, kranke Menschen, Menschen in Not, Menschen mit Behinderung, Kinder, Jugendliche und Familien.

(EISENACHER, Ute und LEICHLE, Margarethe: AWO 60 Jahre, 1947-2007, Arbeiterwohlfahrt in Baden-Württemberg, Karlsruhe und Stuttgart 2007)

8. Der Ortsverein Konstanz der AWO nach dem Zweiten Weltkrieg

8.1 Quellenlage

Ein zusammenhängendes Archiv des Ortsvereins existiert nicht, die Überlieferung ist höchst ungleichmäßig. So schreibt der Ortsvorsitzende Hans Wildt im Jahre 1969, er habe bei seinem Amtsantritt im Jahre 1967 fast keine Unterlagen vorgefunden. Für die Zeit davor gibt es bislang nur gelegentliche Erwähnungen im Konstanzer Südkurier.

Für den Zeitraum von 1967 bis 1986 und von 1995 bis 2007 existieren Protokollbücher des Ortsvereins. Seit 1965 gibt der Bezirksverband Südbaden, ab 1977 Bezirk Baden, ein Mitteilungsblatt AWO-Echo, das auch Nachrichten aus den Ortsvereinen enthält. Hilfreich ist für die Zeit ab 1982 die systematische Auswertung des Südkuriers durch das Stadtarchiv. Diese Auswertung wurde vorher schon für das Thema „AWO und Friedrichstraße 21" benutzt, sie kann aber auch noch andere Informationen über den Ortsverein liefern, z.B. ab 1982 regelmäßige Berichte über Jahreshauptversammlungen.

Der Kreisverband in Singen besitzt einen Ordner zum Ortsverein Konstanz, der von 1978 bis 2001 reicht. Daraus ergibt sich, dass der Ortsverein ab 1978 zwei Mal im Jahr gedruckte Rundschreiben an die Mitglieder verteilte. Ab 1980 wurde daraus das Mitteilungsblatt AW-Aktuell. Diese Rundschreiben und Mitteilungen lagen nur lückenhaft vor. Für den Treffpunkt Chérisy existiert eine Dokumentation für die Jahre 1997-2007.

Aus dieser ungünstigen Quellenlage folgt, dass nicht alle Zeitabschnitte und nicht alle Themen mit gleicher Intensität bearbeitet werden konnten.

8.2 Gründung des Ortsvereins

Für die Gründung des Ortsvereins kann das Datum 1. September 1946 als gesichert gelten. Das Datum ergibt sich aus der Ehrung von Jubilaren mit mehr als 25jähriger Mitgliedschaft bei der 60-Jahrfeier der AWO (ab 1919) am 6. Oktober 1979 (34 Ehrungen). Darunter sind noch sieben Mitglieder mit dem frühesten Eintrittsdatum, nämlich 1.9.1946:

Maria Breier, Bürgermeister Alfred Diesbach, Martha Heißler, Cläre Hugel, Klara Leonhardt, Erich Löhle, Erwin Schroff.

8.3 Mitglieder

In den Berichten des Südkuriers ist regelmäßig von einer wachsenden Mitgliederzahl die Rede. Eine konkrete Zahl findet sich aber erst für das Jahr 1957, nämlich 710, eine stolze Zahl. Der Vorsitzende des Unterbezirks Bodensee bezeichnete die Entwicklung des Ortsvereins als beispielhaft, er gehöre zu den größten in Südbaden. Mit seinem Schwerpunkt „Betreuung von älteren Menschen" stellte diese Gruppe die größte Zahl der Mitglieder, d.h., der Verein hatte stets mit dem Problem der Überalterung zu kämpfen bzw. mit dem Problem, jüngeren Nachwuchs zu finden. Für das Jahr 1978 wurde das Durchschnittalter der Mitglieder mit 68 Jahren angeben, dem Verein fehlten vor allem die 30-50jährigen. In der Jahreshauptversammlung 1983 rief der Ortsverein jüngere Mitglieder zu ehrenamtlicher Tätigkeit auf. Gemeint waren die Jahrgänge ab 1920, also 63 Jahre und jünger. Über das Zahlenverhältnis von Männern und Frauen lassen sich keine Angaben finden.

Im Jahre 1958 sprach der 1. Vorsitzende Julius Grimm davon, dass der Verein „die Grenze der 1000 erreicht", konkret waren es

8. Der Ortsverein Konstanz der AWO nach dem Zweiten Weltkrieg

in diesem Jahr dann 833. Der Unterbezirk Bodensee bescheinigte dem Ortsverein, dass er in Südbaden an der Spitze stehe. Damit war der Höhepunkt erreicht. Im Jahr 1962 war von 600 bis 700 Mitgliedern die Rede, für Ende 1967 wurden noch 558 Mitglieder genannt. Es fanden Werbewochen statt, um die 600er-Marke wieder zu übersteigen. Im April 1969 waren es immer noch 596, im Februar 1970 624 und Ende 1970 immerhin wieder 705 Mitglieder, mehr als in Singen (646 Mitglieder). Für Juli 1972 wurden 646 Mitglieder genannt, für 1974 wieder 706, 1976 nach Überprüfung der Kartei aber nur noch 519 Mitglieder, 1977 533 Mitglieder, Ende 1978 536 Mitglieder. Ab Februar 1979 lag die Zahl unter 500. Anfang 1983 hatte der Verein noch 460 Mitglieder, nach Überprüfung im Juni 1983 noch 380, im Jahre 1985 ca. 350 Mitglieder.

Der Kreisverband stellte 1986 beim Ortsverein einen rapiden Mitgliederschwund fest und fragte nach den Ursachen. Der Kreisverband verwendete dabei diese Zahlen: 1981 = 406, 1982 = 340, 1983 = 345, 1984 = 288, 1985 = 267. Vom Ortsverein existiert jedoch eine Mitgliederliste mit Adressen vom 29. Juli 1986 mit 321 Personen. Die Unterschiede in der Berechnung ergeben sich daraus, dass der Kreisverband die Beitragsmarkenabrechnung als Grundlage nahm, während der Ortsverein auch Mitglieder führte, die ganz geringe oder gar keine Beiträge bezahlten.

Im Jahre 1990 hatte der Kreisverband 1.567 Mitglieder. Davon fielen auf Singen 391, Gottmadingen 388, Konstanz 223, Radolfzell 154, Engen 144, Gailingen 94, Stockach 68, Volkertshausen 59.

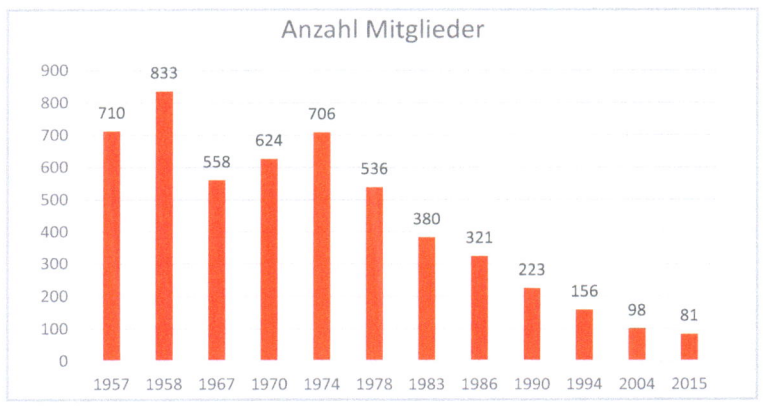

Für das Jahr 1994 wurden für Konstanz noch 156 Mitglieder genannt mit einem Durchschnittsalter von über 60 Jahren.

Der Verein stellte im folgenden Jahr Überlegungen an, wie man neue Mitglieder gewinnen könnte, nämlich durch
- Programme
- Unterstützung der Mitglieder, Angebote nur für Mitglieder
- Guter Ruf der AWO
- Mitgliederpflege
- Klare Betätigungsfelder
- Mit Aktivitäten in die Stadt gehen
- Mitgliederwerbung
- Vorteile durch Mitgliedschaft
- Verbilligungen für Mitglieder
- Unterstützung mit Beratungen und Materialien

Im Jahre 1997 wurde die Zahl der Mitglieder mit etwa 160 angegeben.

In einer Sitzung des Kreisverbandes mit den Ortsvereinen am 18.2.2002 war von einer dramatischen Mitgliederentwicklung die Rede. Das Protokoll hält fest: „Der Ortsverein Konstanz bringt die Frage ein, warum es überhaupt noch Ortsvereine geben muss. Die Mitgliederentwicklung ist dramatisch. Trotz guter Aktivitäten und einer guten Vereinsführung werden es immer weniger Mitglieder. Wenn man keinen Ortsverein mehr braucht, bräuchte man auch keine Mitgliederwerbung.

Es wird in der Antwort auf das Leitbild hingewiesen, das die Ortsvereine sich selber gegeben haben, und auf die allgemeinen Schwierigkeiten mit Mitgliederwerbung. Ortsvereine – und damit der Mitgliederverband – haben ihre Daseinsberechtigung, da es die AWO zu einem demokratischen Verband macht, unmittelbare ehrenamtliche Arbeit möglich ist und nach wie vor viele soziale Probleme vorhanden sind – auch bei Senioren, selbst wenn es den Anschein hat, dass man die AWO nicht mehr braucht, weil die Angebote wie Ausflüge etc. nicht mehr so gut besucht sind."

Beim Kreisverband selber war die Mitgliederzahl von 1.796 Mitgliedern im Jahr 1974 auf 1.100 im Jahr 2000 zurückgegangen.

8. Der Ortsverein Konstanz der AWO nach dem Zweiten Weltkrieg

Im Protokoll des Kreisausschusses vom 15.3.2003 heißt es zum Ortsverein Konstanz: „Obwohl der Ortsverein gut geführt ist, ist ein deutlicher Mitgliederschwund zu verzeichnen. Die Veranstaltungen werden wie bisher durchgeführt, allerdings mit fallenden Teilnehmerzahlen. Man ist in Konstanz halt ein Verein unter vielen. Der Schwerpunkt der Tätigkeit hat sich ins Chérisygebiet verlagert. Dort ist man an der Lösung der Probleme des Wohnquartiers beteiligt, und es besteht eine gute Zusammenarbeit zwischen Ortsverein und Kreisverband."

Im Jahre 2004 hat der Ortsverein noch 98 Mitglieder und im Jahr 2015 noch 81 Mitglieder.

8.4 Vorsitzende

Die Vorsitzenden des Ortsvereins kamen von 1946 bis 1986 überwiegend aus dem handwerklich-gewerblichen Bereich. Georg Auer (1946-1950) war Zimmerpolier, Franz Henne (1950-1954) war Schreinermeister, Hermann Hellstern (1954-1955) war Maler, Julius Grimm (1955-1967) war Obermonteur und Gewerkschaftssekretär. Hans Wildt (1967-1974) erscheint in den Adressbüchern als Kaufmann, war aber auch Kreisvorsitzender der Gewerkschaft ÖTV. Er wurde von 1971 bis 1974 auch Vorsitzender des Unterbezirks Bodensee der AWO und war im Bezirksvorstand Südbaden vertreten, von 1974 bis 1977 auch Vorsitzender des Kreisverbandes Konstanz. Er wurde auch Vorsitzender der Liga der Freien Wohlfahrtsverbände in Konstanz. Wolfgang Fehrenbach (1974-1979 und 1980-1986) war Gärtner. Eine Ausnahme war vielleicht der Zollsekretär Albert Dreier (1979/1980).

Ab 1986 übernahmen Diplom-Handelslehrer mit kaufmännischer bzw. betriebswirtschaftlicher Ausbildung die Leitung des Ortsvereins, zuerst Roland Schöner (1986-1989), dann Rainer Ruess (1989-2004) und seit 2010 Jens Bodamer. Dazwischen amtierte der Verwaltungswissenschaftler Peter Friedrich. Roland Schöner war ab 1984 bis 2015 auch Mitglied des Kreisvorstandes. Am 25. April 2015 wurde ihm für seine langjährige ehrenamtliche Tätigkeit die Ehrenmedaille der AWO Baden verliehen. Auch Jens Bodamer ist Mitglied des Kreisvorstandes der AWO.

8.5 Frauen in der AWO

Soziale Betätigung war seit dem 19. Jahrhundert neben dem Unterrichten für Frauen bis in die bürgerlichen Kreise hinein ein wichtiges Betätigungsfeld, das außerhalb des Hauses und der Familie ausgeübt werden konnte. So überrascht es nicht, dass einzelne Frauen sich im Ortsverein der AWO langfristig engagierten und heute noch engagieren. Den Vereinsvorsitz erreichte in Konstanz aber bisher keine Frau. Die Geschäftsführerin und Fürsorgerin Martha Heißler wurde 1955 2. Vorsitzende, und 1965 wurde sie sogar 1. Vorsitzende des Unterbezirks Bodensee. Klara Leonhardt wurde 1967 2. Vorsitzende. Sie zog sich 1980 zurück und wurde für 30-jährige aktive Mitarbeit geehrt. Als langfristige Mitarbeiterinnen sollten auch genannt werden Cläre Hugel (Erholungsaufenthalte), Emmi Häuser (Geschäftsstellenleiterin). Brigitte Leipold wurde 1986 stellvertretende Vorsitzende. In neuerer Zeit wären zu nennen Hilde Schmidt, Maria Regenscheit, Gretel Schworobuk, Martina Fischbach, Gundula Fischer und Helga Jauss-Meyer.

„Meine Herren und Damen…"

Wie AWO-Frauen die Gesellschaft verändert haben

www.awo-ov-konstanz.de

Grußkarte des Ortsvereins zum Weltfrauentag 2016

8.6 Politische Aktivitäten der AWO-Führung

Zahlreiche Akteure des Ortsvereins waren und sind zugleich auch in der Kommunalpolitik oder auf Kreisebene aktiv, zumeist bei der SPD. Georg Auer war Kreisrat, Franz Henne Stadtrat, Klara Leonhardt Stadträtin und Kreisrätin, ebenso Julius Grimm. Martha Heißler und Franz Henne wurden 1959 in den Bürgerausschuss gewählt, ein Gremium neben dem Gemeinderat. Stadtrat Otto Hagen wurde 1965 2. Vorsitzender. Roland Schöner war Stadtrat und in Dettingen Ortschaftsrat, Brigitte Leipold Stadt- und Kreisrätin, Helga Jauss-Meyer Stadt- und Kreisrätin, Ortsvorsteherin in Litzelstetten, Jens Bodamer Ortschaftsrat in Dettingen und Peter Friedrich zugleich Kreisvorsitzender der SPD, von 2005 bis 2011 Bundestagsabgeordneter und von 2011 bis 2016 Minister für Bundesrat, Europa und internationale Angelegenheiten in der Landesregierung von Baden-Württemberg.

8.7 Geschäftsstellen, Vereinsräume

In den ersten Jahren des Ortsvereins war die Geschäftsstelle in der Wohnung des Vorsitzenden Georg Auer in der Hüetlinstraße 7. Ab 1950 hatte die AWO Geschäftsräume in der Friedrichstraße 21, nachdem die Frauenklinik und das Wöchnerinnenheim 1949 in einen Neubau auf dem Krankenhausgelände umgezogen waren. In das Gebäude Friedrichstraße 21, das ursprünglich als Militärlazarett erbaut worden war, zog 1949 die Mädchenvolksschule Petershausen (Gebhardschule) ein, deren eigentliches Gebäude von einer französischen Schule in Beschlag genommen war.

Im Jahre 1955 konnte die Gebhardschule wieder in die Schule Petershausen zurückkehren, das Gebäude Friedrichstraße wurde jetzt von der französischen Militärverwaltung beansprucht. Ab 1956 konnte die AWO einen Pavillon im Hof auf der Rückseite der Schule Petershausen nutzen. Der Zugang war von der Steinstraße her, die Adresse war Steinstraße 1 (die heutige Adresse der Feuerwehr). Diese neue Geschäftstelle sollte Friedrich-Ebert-Heim heißen, doch tauchte dieser Name später nicht mehr auf. Jeden Mittwoch war Sprechtag.

Geschäftsstelle des Ortsvereins in der Friedrichstraße 21 von 1949 bis 1955 (damals Gebhard-Schule) und wieder von 1981 bis 1997

Ab Juli 1967 hatte der Ortsverein zwei Räume in der Schule Petershausen im Erdgeschoss der jetzigen Realschule, Seiteneingang (ehemaliger Kindergarten). Die alten Geschäftsräume (Pavillon auf dem Schulgelände) wurden abgebrochen. In der Schule nutzte der Verein ein Geschäftszimmer und eine Nähstube für Nähkurse. Die Nähstube war gut frequentiert, aber in den Schulferien gab es weder Heizung noch Strom.

Ab März 1974 konnte der Ortsverein für den Altenclub Räume im Haus Zähringerplatz 30 (Ecke Allmannsdorferstraße) anmieten. Auch der neue Kreisverband Konstanz hatte hier seinen Sitz. Ab Juni 1976 nutzte auch die neue Ortsgruppe Pro Familia die Räume des Altenclubs, bis sie im Oktober 1997 in die Gütlestraße 8 umziehen konnte.

Im Jahre 1979 kündigte die Stadt zum Jahresende die Räume in der Petershauser Schule und der Hausverwalter die Räume im Haus Zähringerplatz 30. Der Ortsverein geriet in eine große Krise. Der Kreisverband bekam Räume in der Steinstraße 4, einem Wohnblock, in dem bis zum Abzug der französischen Garnison französische Familien gewohnt haben. In den Räumen war zuvor auch die französische Apotheke untergebracht. Bereits im März 1980 zog

8. Der Ortsverein Konstanz der AWO nach dem Zweiten Weltkrieg

Geschäftsstelle des Ortsvereins in der Schule Petershausen von 1956 bis 1979

die Kreisgeschäftsstelle nach Singen um, und der Ortsverein konnte die Räume in der Steinstraße übernehmen.

Nach dem Abzug der französischen Garnison wurden die Gebäude in der Friedrichstraße 21 frei, für den Ortsverein der AWO eine interessante Perspektive. Im September 1980 konnte er die Räume des Hauptgebäudes besichtigen. Er mietete ab März 1981 das Hochparterre mit dem Recht der Untervermietung einzelner Räume. Ab August mietete der Ortsverein das ganze Gebäude, musste aber selber sanieren. Der Mietvertrag lief über 10 Jahre. Die Stadt bewilligte 10.000 DM für die Renovierung von Räumen, die AWO investierte selber 300.000 DM in die Renovierung. Für das Dach und die Außenfassade des sanierungsbedürftigen Gebäudes blieb das Bundesvermögensamt zuständig. Ab Juli 1981 übernahm der Kreisverband einen Teil der Räume. Erste Veranstaltungen im Gebäude fanden im Herbst statt, im April 1982 erstmals die Jahreshauptversammlung des Vereins. Im September 1983 konnte der Kreisverband das Gebäude bei einem Tag der Offenen Tür vorstellen.

(Das Thema AWO und Gebäude Friedrichstraße 21 ist zusammenhängend dargestellt in der Broschüre von MOSER, Arnulf: Vom Königlichen Garnisons-Lazarett zur Arbeiterwohlfahrt. Die wechselvolle Geschichte des Gebäudekomplexe Friedrichstraße 21 in Konstanz von 1882 bis heute, Konstanz 2013)

Zähringerplatz 30, Sitz des Altenclubs von 1974 bis 1979

Das Projekt Friedrichstraße überstieg aber offensichtlich die organisatorischen wie finanziellen Möglichkeiten des Ortsvereins. Es häuften sich durch Renovierungsarbeiten Schulden an, und ab Juli 1982 übernahm der Kreisverband das Gebäude. Der Ortsverein war nun Mieter von Altenclub, Saal und Geschäftsstelle. Allerdings gab es Probleme mit der Saalvermietung, die nicht genügend Einnahmen brachte. Der Saal war in schlechtem Zustand, die Auslastung gering. Der Saal wurde schließlich verkleinert.

Die Renovierungskosten waren auch in den folgenden Jahren zu hoch, die von der Stadt erwarteten Zuschüsse zu gering. Es fehlten langfristige Miet- und Pachtverträge für eine bessere Finanzierung. Das Bundesvermögensamt, das die ganze Anlage zunächst in einem Stück verkaufen wollte, wollte die Gebäude nun einzeln verkaufen. Die AWO konnte nicht kaufen, doch die Stadt wollte das Hauptgebäude ebenfalls nicht kaufen.

8. Der Ortsverein Konstanz der AWO nach dem Zweiten Weltkrieg

Steinstraße 4, Sitz der Geschäftsstelle des Ortsvereins 1980/81

Im Jahre 1993 kündigte der Ortsverein den Mietvertrag Friedrichstraße, der Saal ging an den Kreisverband, der Ortsverein hatte noch Küche und Begegnungsstätte in eigener Regie. Schließlich kaufte die Wobak 2006 das Hauptgebäude, renovierte es und vermietete es an den Kreisverband.

Der damalige Vorsitzende des Ortsvereins Roland Schöner hat die Problematik mit der Friedrichstraße im Rückblick von 2016 so dargestellt:

„Nach dem Rücktritt des damaligen Vorsitzenden – ich war Stellvertreter – habe ich den Ortsverein kommissarisch geleitet. Bei der nächsten Wahl wurde ich dann zum Vorsitzenden gewählt.

Meine Amtszeit war eng verbunden mit dem Haus Friedrichstraße 21 (ehemaliges Wöchnerinnenheim). Der Kreisverband hatte das Haus angemietet. Nach und nach stellte sich heraus, dass das Gebäude mit einigen Mängeln behaftet war. Die Heizung fiel immer wieder aus, die Fenster waren undicht, die Toiletten waren sanierungsbedürftig, das Dach war undicht. Später stellte sich heraus, dass es vom Hausschwamm befallen war.

Türschild der Friedrichstraße 21 in den 1980er Jahren

Mit eigenen Mitteln und mit viel Eigenarbeit wurden die Toiletten saniert, die Fenster im Untergeschoß ausgewechselt und die Decken abgehängt. Damit hatte das „Stüble" (ein Seniorentreff, der Name hat sich bis zum heutigen Tag gehalten) eine behagliche Bleibe.

Eine Gesamtsanierung war unumgänglich. Die Frage stellte sich, wer das macht und vor allem, wer das finanziert. Der Bund als Eigentümer winkte ab, war aber unter Umständen bereit, das Gebäude zu verkaufen. Es folgten mehrere Verhandlungen vor Ort mit der Oberfinanzdirektion Freiburg, der Bundestagsabgeordnete für den Wahlkreis Konstanz Hans-Peter Repnik (CDU) wurde eingeschaltet. Die Verhandlungen wurden in enger Abstimmung mit Werner Neidig, dem Geschäftsführer des AWO-Kreisverbandes, der das Haus angemietet hatte, geführt. Es blieb die Finanzierungsfrage:

In Verhandlungen mit dem Konstanzer Oberbürgermeister Dr. Horst Eickmeyer gelang es, eine Million DM in den städtischen Haushalt einzustellen. Auch der Ankauf des Parks durch die Stadt Konstanz erleichterte den Ankauf des Gebäudes. Die Architektin Gundula Fischer machte Pläne zum Ausbau des Dachgeschosses für Studentenwohnungen.

Am Ende nützte alles nichts, weil der Bund, entgegen früherer Zusagen, den Kaufpreis so erhöhte, dass der Erwerb für die AWO unmöglich wurde."

Im Jahre 1995 wurde das Projekt Chérisy konkret, eine Begegnungsstätte im Rahmen einer Seniorenwohnanlage der Wobak auf dem Chérisy-Gelände, einem ehemaligen Kasernengelände. Es standen 220 qm Fläche zur Verfügung für Begegnungsstätte, Büro und Gruppenräume.

Die Ausgangssituation laut Protokoll vom 22.6.1995 war: „In den 80er Jahren entstand dieses Areal durch Hausbesetzungen. Dadurch wurden die Chérisy-Kasernen als Wohnraum „umgenutzt" von etwa 350 Leuten, davon etwa 2/3 Studenten. Es sind alles Wohngemeinschaften. Heute sind ca. 100 sogenannte „Altbewohner", alle unter 45 Jahren, relativ viel Alleinerziehende mit vielen Kindern zwischen 8 und 15 Jahren, keine Studenten (mehr); die anderen sind Studenten, die relativ kurz dort wohnen und keine starke Bindung an ihr Wohngebiet haben."

Es gab keine Infrastruktur des täglichen Bedarfs, vorhanden waren: Spielplatz, Kindergarten, Jugendclub, kleiner Sportplatz, Ökoladen, Kulturladen, Kino, Fitnesscenter. Die Prognose ging in Richtung von 400 neuen Wohnungen mit 800 bis 1000 zusätzlichen Bewohnern, Familien mit Kindern, älteren Menschen und Studenten, aber einer einzigen Grünfläche vor der Begegnungsstätte.

Der Umzug in das Chérisy-Gelände erfolgte 1997. Der Ortsverein ist dort Mieter beim Kreisverband, hat dort ein Büro und kann Cafeteria und Saal nutzen.

8.8 Finanzen

Ein Verein erhebt üblicherweise Mitgliedsbeiträge. Dieser betrug beim Ortsverein im Jahre 1965 1 DM pro Monat. Im Jahre 1978 war der Ortsverein der Verein in Baden, der die meisten Mitglieder hatte, die nur den Mindestbeitrag von 2 DM pro Monat bezahlen, nämlich 83 %. Daraus lässt sich schließen, dass damals eher Einkommensschwache Mitglieder des Ortsvereins waren.

Im Jahre 1982 stieg der Mindestbeitrag auf 3 DM pro Monat. Heute beträgt der Mindestbeitrag 5 Euro.

Jedes Jahr im Frühjahr findet eine Landessammlung statt, eine Woche lang mit Haus- und Straßensammlung, von der der Ortsverein 30% für sich behalten kann. Im Jahre 1968 waren für die Landessammlung 40 bis 50 Sammler erforderlich.

Aufruf

zur Landessammlung der Arbeiterwohlfahrt,
Bezirksverband Baden e.V., im März 1988

Liebe Mitbürgerinnen und Mitbürger!

Unser soziales Netz ist sicherlich vorbildlich. Trotzdem leben viele Menschen unter uns, die auf unseren Rat und unsere Hilfsbereitschaft angewiesen sind. Neben kranken, behinderten und alten Menschen sind es zunehmend arbeitslose Jugendliche und von Dauerarbeitslosigkeit betroffene Erwachsene, die der Unterstützung bedürfen.

Durch den Auf- und Ausbau von Mobilen Sozialen Hilfsdiensten für kranke, behinderte und alte Menschen soll diesem Personenkreis die Möglichkeit gegeben werden, ein möglichst eigenständiges Leben in der gewohnten häuslichen Umgebung führen zu können.

Bei der in Zukunft zu erwartenden steigenden Zahl älterer Mitbürger stellt diese Form der Betreuung und Versorgung zu Hause eine echte Alternative zur kosten intensiven Heimunterbringung dar.

Das Hilfsangebot der Mobilen Sozialen Dienste umfaßt:
– Unterstützung bei der Haushaltsführung wie z.B. Putzen, Spülen, Aufräumen, Einkäufe machen, Wohnung heizen
– ergänzende pflegerische Hilfen wie Körperpflege, An- und Auskleiden, Bettenmachen, Hilfen bei der Essensbereitung und dem Essen selbst
– Hilfen bei der Bewältigung des Alltags wie z.B. Behördengänge, Formularhilfen, Rollstuhlbegleitung
– Hilfen für die Erhaltung und Erweiterung von Kontakten zur Umwelt. Hierzu zählen Besuchsdienste, Gespräche, Spiele und Begleitung zu Veranstaltungen.

Einen weiteren Schwerpunkt ihrer Arbeit sieht die Arbeiterwohlfahrt in der Schaffung von Arbeitslosenprojekten für Jugendliche, die von Ausbildungsplatznöten und Arbeitslosigkeit betroffen sind.

Zur Finanzierung und Absicherung dieser vielfältigen Beratungs- und Betreuungsangebote ist die Arbeiterwohlfahrt auf Ihre Spendenbereitschaft angewiesen.

Deshalb wendet sie sich während der

Sammelwoche vom 14. bis 20. März 1988

an die Bevölkerung unseres Landes.

Nur mit Ihrer Spende wird sich die Arbeiterwohlfahrt auch in Zukunft

für alle, die Hilfe brauchen,

einsetzen können.

Dr. Norbert Nothhelfer, Regierungspräsident
– Schirmherr für die Sammlung im Regierungsbezirk Freiburg –

Aufruf zur Landessammlung 1988

8. Der Ortsverein Konstanz der AWO nach dem Zweiten Weltkrieg 35

Der Ortsverein verkauft Wohlfahrtsmarken (mit Zuschlag) und kann den Zuschlag behalten, und schließlich bekommt der Ortsverein Zuschüsse von der Stadt.

Das Projekt Friedrichstraße 21 stürzte den Ortsverein in eine finanzielle Krise. Bereits im April 1982 hatte der Ortsverein Verbindlichkeiten von 27.000 DM angehäuft (Handwerkerrechnungen, Heizöl, Beitragsrückstände beim Kreisverband), bei offenen Forderungen von 25.000 DM. Bei den Renovierungen zeigten sich organisatorische Mängel, es entstanden Mehrkosten, und der Zuschuss der Stadt fiel geringer aus als erwartet. Der Kreisverband drängte auf eine Kassenprüfung. Er schaltete den Bezirksverband ein, der zwei Revisoren für die Überprüfung der Jahre 1980 und 1981 zum Ortsverein schickte. Die Revisoren machten zahlreiche Auflagen und Vorschläge für die künftige Kassenführung.

In einem Bericht vom 24. November 1982 bewerteten die Revisoren das Projekt Friedrichstraße so: „Wir können nur feststellen, dass die Anmietung dieses Objektes den OV weit überfordert hat. Nach unserer Auffassung war er sich nicht im Klaren darüber, welche Umbau- und Renovierungskosten auf den OV zukommen, und als Folgekosten kommen ja noch die jährlichen Ausgaben für den Betrieb des Hauses.

Das Gebäude steht unter Denkmalschutz und ist in einem sehr schlechten Zustand. Der OV hat in das angemietete Gebäude bisher bereits erhebliche Mittel investiert, und nach dem Stand der Dinge sind nach unserer Meinung noch ca. DM 350.000 bis DM 400.000 notwendig, um den baulichen Zustand den heutigen Erfordernissen einigermaßen anzupassen. Hinzu kommen die Kosten für die Außenfassade und die Außenanlage. Wir sind der Meinung, dass der Bund und die Stadt froh waren, einen "Dummen" gefunden zu haben.

Im Gebäude selbst sind einige Räume untervermietet. Nach den uns vorliegenden Unterlagen ist nicht feststellbar, wer überhaupt „Untermieter" ist. Es ist dringend erforderlich, dass eine Mieterkartei aufgestellt wird, Mietverträge abgeschlossen und der Eingang der entsprechenden Zahlungen überwacht wird."

Und den Kreisverband warnten die Revisoren: „Der KV hat sich damit eine Last aufgeladen, die ihn noch lange drücken wird. Für

AWO Baden-Württemberg Landessammlung 1995:

Ohne Spenden AWO-Hilfen in Gefahr

„Gut, daß es die AWO gibt", sagte einmal ein Mensch dem geholfen werden konnte - und unter diesem Motto findet in diesem Jahr vom 13. - 19. März wieder die Landessammlung der Arbeiterwohlfahrt in Baden-Württemberg statt.

Damit dieses Motto auch weiterhin gelten kann, braucht die AWO dringend die tatkräftige Unterstützung der Bevölkerung - und dies heute mehr denn je. Kürzungen und Streichungen öffentlicher Zuschüsse in nahezu allen Bereichen sozialer Arbeit :
- Weniger Geld für die Pflege: Personalabbau droht und damit unzumutbare Zustände für die alten Menschen in den Heimen
- Weniger Geld für den Zivildienst: Die ambulanten Dienste, wie Mobile Hilfsdienste, „Essen auf Rädern", Individuelle Schwerstbehindertenbetreuung sind in Gefahr
- Weniger Geld für Arbeitslose: Tausende von Arbeitslosen werden zu Sozialhilfeempfängern.

Die Folgen dieser Mittelkürzungen treffen die Schwächsten unserer Gesellschaft am stärksten.

Gerade diesen Menschen hilft die AWO seit 75 Jahren. Sie berät in Not geratene Wohnungslose, Flüchtlinge, Schwangere. Sie betreut behinderte Menschen, psychisch Kranke, Aussiedler.

Sie pflegt alte Menschen und Kranke. Sie hilft Arbeitslosen, wieder Arbeit zu finden, hilft krebskranken Kindern und ihren Familien sowie krebskranken Jugendliche und Erwachsenen in der Nachsorge.

Die AWO unterstützt mit ambulanten Hilfen, Essen auf Rädern Menschen, die ihr Leben möglichst selbständig in ihrer Wohnung führen wollen. Müßten diese Hilfen eingestellt werden, weil sie nicht mehr bezahlbar sind, wären viele ältere und hilfsbedürftige Menschen gezwungen, in ein Heim zu ziehen.

Um diese Dienste und Einrichtungen weiterhin aufrechtzuerhalten, ist die Arbeiterwohlfahrt auf die Spenden der Bevölkerung angewiesen und ruft auf, Solidariät mit den Schwächeren zu üben: „Helfen Sie durch ihre Spende mit, daß es der AWO auch in Zukunft gelingt, Menschen helfen zu können, die dringend Unterstützung brauchen."

Aufruf zur Landessammlung 1995

uns erhebt sich die Frage, ob das Objekt nicht wieder an den Bund zurückgegeben werden sollte.

Auf der einen Seite haben der OV und der KV Investitionen in erheblichem Umfang getätigt, die bei einer Auflösung des Mietverhältnisses verloren wären; andererseits erhebt sich die Frage, ob der KV überhaupt finanziell in der Lage ist, das Gebäude mit allen seinen Folgekosten wirtschaftlich zu führen. Letzteres ist bei der derzeitigen finanziellen Lage nach unserer Auffassung überhaupt nicht möglich. Hierüber haben die zuständigen Gremien zu entscheiden."

Im März 1984 war der Ortsverein mit 21.900 DM im Soll beim Bezirk, er hatte die Landessammlung und den Verkauf von Wohlfahrtsmarken nicht abgerechnet. Im August stellte der Kreisverband fest, dass ein Zuschuss der Stadt Konstanz in Höhe von 7.000 DM beim Ortsverein gelandet, aber nicht weitergereicht worden war: „Es ist nicht nur bedauerlich, dass damit nach außen, hier gegenüber der Stadt Konstanz, verbandsinterne Koordinationsprobleme sichtbar werden, sondern vor allem auch, dass sich beim Ortsverein Konstanz seit der Prüfung durch die Bezirksrevisoren nichts geändert zu haben scheint. Die Geschäftsführung lässt nicht nur zu wünschen übrig, sondern wächst sich inzwischen zu einem Ärgernis aus."

Im Jahre 1985 übernahm Rainer Ruess die Kasse. Er beklagte den Zustand der Kassenverwaltung und legte Finanzpläne für 1985 und 1986 vor. Der 2. Vorsitzende Roland Schöner schrieb im Dezember an den Bezirksvorstand in Karlsruhe, dass der Ortsverein praktisch pleite sei mit Altschulden von 18.000 DM aus den Jahren 1980/81. Er bat um Erlass der Altschulden aufgrund der finanziellen Notlage des Vereins. Es kam zu einem Gespräch zwischen Roland Schöner und dem Bezirksgeschäftsführer Rolf Oswald, dessen Ergebnis so aussah:

Wegen der defizitären Haushaltslage des Ortsvereins ist ein Sanierungsprogramm erforderlich. Der Ortsverein muss bei den Sammlungen mehr liefern und seine hohen Mietkosten senken. Eine jährliche Tilgung mit 4.000 DM erscheint realistisch. Wenn diese erfolgt, verzichtet der Bezirk auf den Beitragsanteil für 1980 in Höhe von 8.700 DM.

Im Jahre 1987 hatte der Verein erstmals wieder einen Haushaltsüberschuss durch Sparpolitik und Senkung der Mietzahlungen an den Kreisverband. Auch 1992 oder 1995 und in den Folgejahren war der Verein finanziell in Ordnung.
Im Jahre 1999 erhielt der Verein eine Erbschaft über 250.000 DM. Davon blieb die Hälfte beim Ortsverein, die andere Hälfte beim Kreisverband für Projekte in Konstanz.
Für 2002 wurde eine Stagnation bei der Landessammlung festgestellt.

9. Aktivitäten des Ortsvereins

9.1 Regelmäßige Schwerpunkte und deren Entwicklung im Laufe der Zeit

Kinder und Jugendliche

Von Anfang an ging es dem Ortsverein darum, etwas gegen die Notlage von Kindern und Jugendlichen zu unternehmen. Bereits die erste Nachricht, die wir überhaupt über den Ortsverein haben (Südkurier vom 12. 12.1947), betrifft eine Sammlung in Konstanz für Heime zur Erholung von Kindern und Jugendlichen. Mit Hilfe von Schweizer Spenden wurde es 1948 möglich, Kinder für einen Tag satt zu machen und aus dem Alltag herauszuholen:

Der Südkurier berichtet:
„Kinder erlebten einen frohen Tag
Die Arbeiter-Wohlfahrt Konstanz hatte 30 Buben und Mädchen zu einem Waldausflug eingeladen. Freiwillige Helfer und Helferinnen begleiteten die muntere Schar der Sechs- bis Zehnjährigen und beantworteten die ungezählten Fragen über Pilze, Pflanzen, Beeren und Tiere. Hungrig und müde kehrte man schließlich im Gasthaus St. Katharina an, wo das reichlich und gute Mittagessen, eine Spende Schweizer Freunde, köstlich mundete. Den Reis, den es zu kosten gab, kannten die wenigsten der Kinder; sie haben ihn hier zum ersten Mal genossen. Nach kurzer Rast wurde dann eine

9. Aktivitäten des Ortsvereins

Entdeckungsreise nach der Bierhöhle und dem umliegenden Wald unternommen. Kakao und Marmeladebrote erweckten nachher nochmals helle Begeisterung. Mit dem Schiff ging es dann zurück nach Konstanz, wo unter die hungrige Schar noch einige Stollen Brot und je eine Tafel Schokolade verteilt wurden. Es war ein glückliches Erlebnis für die Kleinen, ein Sonnenstrahl in ihrem so freudearmen Leben."
(SK 7.9.1948)

Ende Januar 1949 organisierte der Ortsverein in der "Gebhardshalle" einen Kindernachmittag, wo 150 Kinder zu Kakao und Gipfel eingeladen waren. Viele Kinder tranken zum ersten Mal Kakao. Und die Ortsgruppe Wollmatingen lud 50 Kinder in den „Alpenblick" zu Kakao und Essen ein.

Ende 1952 wird erstmals eine Nikolausfeier für Kinder der Mitglieder und für Flüchtlingskinder erwähnt, mit über 100 Teilnehmern. Sie wurde für viele Jahre zur regelmäßigen Veranstaltung, die Zahl der Teilnehmer in den folgenden Jahren spiegelt die Entwicklung des Ortsvereins wider. 1953 waren es schon 150 Kinder, 1955 200 Kinder. Vor Weihnachten wurden 150 Kinder in das Stadttheater zu einem Märchenspiel eingeladen. Ab 1956 und in den folgenden Jahren waren es um die 250 Kinder, ab 1961 150 Kinder, 1964 und die folgenden Jahre 120 Kinder. 1974 sammelte der Ortsverein vor Weihnachten über eine Anzeige überzähliges Spielzeug und verteilte es an die Kindergärten. Im Jahr 1979 veranstaltete der Ortsverein ein Kinderfest auf dem Ponyhof beim Waldhaus Jakob mit Ballonwettbewerb, Reiten und Modenschau. Im Jahre 1986 betreute der Ortsverein eine Jugendgruppe mit 48 Jugendlichen zwischen 12 und 18 Jahren, 1987 führte er einen Basar für Kinderkleidung und Spielsachen durch. Im Treffpunkt Chérisy bietet der Ortsverein eine Spielgruppe, Hausaufgabenbetreuung und eine Mädchengruppe an.

Erstmals 1954 wird erwähnt, dass Konstanzer Jugendliche am Zeltlager der AWO Südbaden in Horn auf der Höri teilnahmen. Das Gelände gehört der AWO. Für die Erwachsenen gab es eine Dampferfahrt zum Besuch des Zeltlagers. Dieses wurde seit 1950 regelmäßig im Sommer organisiert. In drei Abschnitten von je drei

Zeltlager der AWO Südbaden in Horn auf der Höri 1953

Wochen konnten insgesamt bis zu 600 Jugendliche von 10 bis 14 Jahren sich dort erholen und Freizeitaktivitäten durchführen. Benutzt wurden Großzelte mit amerikanischen Feldbetten, pro Zelt neun Kinder und ein Erwachsener. Im Wirtschaftsgebäude waren Frauen und Mädchen aus den Ortsvereinen tätig, das Freizeitprogramm betreuten bis zu 25 PH-Studentinnen, aber z.B. 1965 auch Helferinnen aus USA, Belgien und Frankreich. Marta Schanzenbach kam regelmäßig zu Besuch. Über sie kamen auch Jugendliche aus Berlin, aus Schleswig-Holstein, ab 1961 auch junge Menschen aus Frankreich und sogar aus Malta. Lagerleiter war ab 1957 Gerhard Böser, Hauptmann in der Führungsakademie der Bundeswehr und Schwiegersohn von Marta Schanzenbach.

9. Aktivitäten des Ortsvereins

Andere Kinder aus Konstanz konnten in Erholungsheime wie Katharinenhöhe oder Tretenhof/Seelbach fahren. Der Ortsverein ist in diesen Jahren vertreten bei den Jugendbeiräten des Jugendamtes und bei den Jugendschöffen, im Jugendwohlfahrtsausschuss, bei Vormundschaften und Pflegschaften.

Mütter

Der Ortsverein vermittelte Ferien- und Kuraufenthalte für Mütter. In den 1950er Jahren konnten etwa 13 oder 14 Frauen pro Jahr in einen Erholungsaufenthalt fahren. Genannt werden unter anderen die Heime in Rütte bei Herrischried, Moosenmättle bei Wolfach und das Müttererholungsheim Spalten im Wiesental.

Elementare Hilfe und Aktivitäten aus besonderem Anlass

Der Ortsverein beteiligte sich an Weihnachten 1950 zusammen mit den anderen Wohlfahrtsverbänden in Konstanz an einer Spendenaktion für das Flüchtlingslager in Egg und an Weihnachten 1952 an der Weihnachtsfeier in Egg. Zur elementaren Hilfe gehörten noch 1956 die Verteilung von Lebensmitteln (1/2 Pfund Butter und 1 Pfund Milchpulver) und Kleidung an Bedürftige. Lebensmittel gingen an 1050 Familien, Kleider und Schuhe an 35 Familien. Im Jahr 1958 wurden Lebensmittel an 980 Familien sowie 28 CARE-Pakete verteilt, an 58 Familien Schuhe, Kleider und Wäsche. Im Jahr 1958 wurden einmal im Monat ca. 200 Personen in der Geschäftsstelle mit Lebensmitteln bedacht. Die Lebensmittelspenden gingen an 1606 Familien, an Weihnachten wurden 20 Festpakete an bedürftige Familien verteilt, für fünf Familien gab es Lebensmittel zur Erstkommunion, an 57 Familien gingen Kleider, Wäsche und Schuhe, an drei Wöchnerinnen Babywäsche. Es gab auch finanzielle Unterstützung für Kleinrentner, und der Südwestfunk machte durch Vermittlung der AWO Zuwendungen an Bedürftige. Der Überschuss aus den Einnahmen des Frühlingsfestes diente auch im Jahre 1961 der Versorgung eines großen Kreises von einkommensschwachen Personen. Und noch 1966 gab es Kleiderspenden an Bedürftige und an Wöchnerinnen.

Aktivitäten aus besonderem Anlass sind eher politisch motiviert. So startete der Ortsverein im Jahre 1954 eine Paketaktion für Bewohner der „Ostzone" (100 Pakete). Im Jahre 1956 beteiligte sich der Ortsverein zusammen mit den anderen Wohlfahrtsverbänden an einer Spendenaktion für die Flüchtlinge des Ungarn-Aufstandes (Geld, Kleidung, Medikamente). Bei der AWO kamen vier große Kleiderkisten und 23 Kartons mit Wäsche und Säuglingsausstattung zusammen. 165 Familien brachten Geld- und Sachspenden zur Geschäftsstelle.

Im Jahre 1979 kamen 150 Flüchtlinge aus Vietnam in das ehemalige französische Mess-Hotel in der Steinstraße. Der Ortsverein beteiligte sich an der Hilfe. Im Herbst 1999 gingen die Einnahmen aus dem Chérisy-Stadtteilfest an das Projekt „Ambulanz für Mostar". Und im Mai 2014 sammelte der Ortsverein für Hochwassergeschädigte in Bosnien-Herzegowina.

Ältere Menschen

Die Sorge und Betreuung für ältere Menschen war von Anfang an das zentrale Thema des Ortsvereins und blieb es auch im Wandel der Zeit. Im Südkurier wird die erste Weihnachtsfeier für Ältere zwar erst für Dezember 1953 erwähnt, doch sie wurde neben der Jahreshauptversammlung die zentrale Veranstaltung, an der sich die Entwicklung des Vereins ablesen lässt. Ab 1951 werden die Ausflugsfahrten für Ältere erwähnt, z.b. 1953 mit 100 älteren Leuten in drei Bussen in das Säntisgebiet, 1954 mit 130 Personen nach Zürich und zum Flughafen.

Bereits 1953 bildete der Ortsverein einen Ausschuss, der sich mit dem Bau eines Altersheims befassen soll. Im Jahr darauf tauchte die Idee eines eigenen Altersheimes auf, und zwar mit dem Europahaus Mainaustraße 29 (heute Rotes Kreuz), verknüpft mit Wohnung und Geschäftsstelle. Das Gebäude war vor 1945 Sitz der Gestapo, ab 1950 deutsch-französisches Zentrum, auch Sitz von Lyzeumsclub, Deutsch-Französischer Vereinigung, Lehrervereinigung, Jugendclub, Gewerkschaftsjugend. Es war bisher vom Land der Stadt kostenlos überlassen worden, jetzt im Besitz des Bundes und renovierungsbedürftig. Das Projekt zerschlug sich. Im Jahre 1957 wurde das Altersheim der AWO in Offenburg besichtigt, in Singen war ein weiteres im Bau.

Im Jahre 1956 nahmen 250 Personen über 60 Jahre an der Adventsfeier teil. Im Jahre 1959 wurde das Projekt einer Hauspflegestation diskutiert, es wurden Frauen für die Hauspflege gesucht.

Die AWO engagierte sich aber nicht nur für die leibliche Fürsorge, sondern sie sah ihre Aufgabe auch in der geistigen und seelischen Betreuung, gegen Vereinsamung im Alter. Die Betreuung galt auch Personen, die nicht Mitglied der AWO sind. Sie suchte einsatzfreudige Frauen und Männer, auch für die Nachbarschaftshilfe. Es wurden in diesen Jahren bei der Weihnachtsfeier auch 10 bis 20 Gäste aus dem städtischen Altersheim Gütle eingeladen.

Das Fahrtenprogramm wurde immer ausführlicher. So heißt es im Bericht des Südkuriers vom 5.4.1965 über die Jahreshauptversammlung:

„**Erfreuliche Erfolgsberichte der Arbeiterwohlfahrt**
Helfende Kräfte wirken meist in der Stille, und es gehören besondere Gelegenheiten dazu, um die Öffentlichkeit darauf hinzuweisen. So war auch die Hauptversammlung der Arbeiterwohlfahrt mit den Berichten aus ihren Wirkungskreisen aufklärend auch für Außenstehende. Der größte Teil der langjährigen Mitglieder sind ältere Menschen, die in dieser sozialen Einrichtung ihre „seelische Heimat" sehen. Für sie werden alljährlich von März bis zum Herbst Ausflugsfahrten und Gemeinschaftsreisen veranstaltet, die so stark in Anspruch genommen werden, dass man von einem öffentlichen Bedürfnis sprechen kann."

Für die über 70-jährigen gab es am Muttertag eine kostenlose Ausflugsfahrt. Und in Verbindung mit dem Reisedienst Bläuer Radolfzell bot der Ortsverein im Jahre 1978 16 auch mehrtägige Fahrten an.

Im Jahre 1968 wurden die Hauspflegestation, die Einrichtung eines Altenclubs und ein fahrbarer Mittagstisch diskutiert.

Dazu schreibt die Zeitschrift AWO-Echo Nr. 16/1-1969:
„**Mitgliederversammlung des Ortsvereins Konstanz**
In einer Mitgliederversammlung des Ortsvereins Konstanz der Arbeiterwohlfahrt wurden zwei Projekte für die nächste Zukunft besprochen: Der ‚fahrbare Mittagstisch' für betagte und hilflose Mitbürger und die Einrichtung einer Nähstube.

In Zusammenarbeit mit dem paritätischen Wohlfahrtsverband wird der Ortsverein Konstanz einen fahrbaren Mittagstisch organisieren. Für den Mittagstisch können sich alle älteren Bürger melden, die aus irgendeinem Grund nicht in der Lage sind, selbst zu kochen. Die Meldungen sind zu richten entweder an das Sozialamt der Stadt oder an die Geschäftsstelle der Arbeiterwohlfahrt in der Petershauser Schule.

In der Nähstube der Arbeiterwohlfahrt sollen im Oktober Nähkurse unter Leitung einer Schneidemeisterin beginnen. Interessenten können zwischen einem Mittags- und einem Abendkurs wählen. Auch hierfür nimmt die Anmeldungen die Geschäftstelle der Arbeiterwohlfahrt entgegen.

Das waren die wesentlichen Punkte, die auf der Mitgliederversammlung des Ortsvereins Konstanz behandelt wurden. Die Versammlung war ein voller Erfolg, was seinen Grund sicher darin hatte, dass sie an einem Samstag stattfand. Es wurde zum ersten Mal der Versuch gemacht, die Versammlung nicht nach starren Tagesordnungspunkten ablaufen zu lassen, sondern lebendig und gelockert eines in das andere zu schieben. Die Lebendigkeit in dieser Versammlung wurde durch die Vorführung von zwei Amateurfilmen erreicht. Der Ortsverein hatte den Versuch gemacht, von herausragenden Veranstaltungen Filme zu drehen. Der erste Film, der den Titel trug ‚9.000 Lebensjahre in drei Omnibussen' zeigte Aufnahmen von der Altenfahrt im Mai dieses Jahres. Der zweite Film zeigt eine Fahrt über den Flexenpass und in das Vorarlberger Land."

Im Jahre 1969 nahmen an der Altenfahrt zum Muttertag 240 Personen teil, am Fahrtenprogramm insgesamt 1.900 Personen. Im Jahre 1971 lautete der Wahlspruch des Vereins: „Für das Alter zu sorgen und der Jugend zu helfen". Eine Neubesinnung ist erforderlich, da die materielle Not in der Wohlstandsgesellschaft eher zweitrangig

9. Aktivitäten des Ortsvereins

geworden ist, dafür ist jetzt Hilfe in seelischer Not und bei Einsamkeit im Alter in den Vordergrund gerückt.

Ab 1974 konnte der Ortsverein in den Räumen Zähringerplatz 30 einen Altenclub anbieten. Darüber schreibt Hans Wildt in AWO-Echo, Nr. 35/2-1975:

„Aus der Praxis des AWO-Ortsvereins Konstanz
Wie in allen Dingen fällt in der Arbeit eines Altenklubs kein Meister vom Himmel. Erfahrungen müssen gesammelt – Rückschläge hingenommen werden. Nur zögernd entwickeln sich die Besucherzahlen. Wenn die Räumlichkeiten beschränkt sind, taucht die Frage auf:
Nur für Mitglieder? Diese Frage lässt sich nur nach den örtlichen Gegebenheiten beantworten. Ortsvereine mit hohen Mitgliederzahlen und einer hohen Altersstruktur müssen sich auf ihre Mitglieder beschränken.
Die Frage der Betreuung im Altenklub ist ein weiterer wichtiger Punkt. An drei Wochentagen geöffnet, erfordert er eine Equipe von mindestens 18 Betreuern, die sich gegenseitig abwechseln und bei Ausfällen einspringen können. Diese Helfer zu finden, ist nicht immer leicht. Die Zahl allein macht es ja auch nicht. Verantwortungsgefühl und eine gute Portion Menschenkenntnis muss von diesen Helfern verlangt werden.
Die Frage der Wirtschaftlichkeit eines Altenklubs ergibt sich im Laufe der Zeit von selbst. Mit großen Verdienstspannen über die Deckung aller Unkosten hinaus kann und darf nicht gerechnet werden. Als Begegnungsstätte für alte Menschen verlangt der Altenklub aber nicht nur Wein und Bier, Kaffee und Tee, sondern auch einen guten Schuss Unterhaltung.
Wenn man diese Unterhaltung bieten will, geht es nicht ohne ein gewisses Programm. In diese Unterhaltung soll ja auch ein Quantum ‚Hilfe zum Leben' eingepackt sein.
Film-Nachmittage – Fragestunden – Gesundheitsfragen – Rezitation – Musik.
Das sind nur einige Beispiele, mit denen man wirklich etwas geben kann. Fröhliche Stunden sollten sich mit den besinnlichen die

ARBEITERWOHLFAHRT Ortsverein Konstanz

Wie jedes Jahr führt

REISEDIENST BLÄUER RADOLFZELL

ein ausgesprochen reichhaltiges Fahrtenprogramm durch. In den nachstehend aufgeführten Halb- und Ganztagsfahrten sowie verschiedenen Mehrtagsfahrten, ist die Beteiligung unserer Mitglieder wie bisher und unter denselben Bedingungen möglich und sichergestellt.
Anmeldungen für die Fahrten jeden Mittwoch von 15.00 - 17.00 Uhr auf der Geschäftsstelle oder bei Frau Emmy Häuser, Egelseeweg 14 (Tel. 62711)

Fahrtenprogramm 1978

17. April
Montag
Blütenfahrt: in den Thurgau.
von Konstanz nach Steckborn-Stein a/Rh. Nußbaumen-Herden-Frauenfeld -Metzingen-Affeltrangen. (Vesperpause)
Rückfahrt: über Amlikon-Mährstetten-Kreuzlingen-Konstanz
Abfahrt: 13.00 Feuerwehrhaus, Steinstr. 13,10 Uhr Vincentiushaus, 13.15 Uhr Döbele. Anmeldeschluß: 12. April
Fahrpreis: **DM 10.00**

27. April
Donnerstag
Blütenfahrt. In den Hegau.
von Konstanz über Radolfzell-Singen-Duchtlingen-Watterdingen-Leipferdingen-Hondingen-Fürstenberg (Vesperpause)
Rückfahrt: über Blumberg-Randen-Hilzingen-Konstanz.
Abfahrt: 13.00 Uhr Döbele, 13.05 A.O.K., 13.15 Uhr Feuerwehrhaus, Steinstr.
Anmeldung: 12. April
Fahrpreis: **DM 10.00**

4. Mai
Christi
Himmelfahrt
Zum Europa Park Rust.
von Konstanz über Radolfzell-Donaueschingen-Furtwangen durch das Siemonswäldertal nach Emmendingen-Kenzingen-Herbolzheim-Rust-Europapark. (Aufenthalt)
Rückfahrt: durch das Glottertal-St. Peter-St. Märgen-Donaueschingen-Geisingen-Singen-Konstanz.
Abfahrt: 7.30 Uhr Döbele, 7.35 Uhr A.O.K 7.45 Uhr Feuerwehrhaus.
Anmeldeschluß: 19. April
Fahrpreis: **DM 16.50**

9. Mai
Dienstag
Freifahrt, zum Muttertag.
für unsere Mitglieder über 70 Jahre. Die Karten müssen auf der Geschäftsstelle bis 3. Mai abgeholt werden.
Abfahrt: 13.00 Uhr Döbele, 13.05 Uhr A.O.K 13.15 Uhr Feuerwehrhaus, Steinstraße

Reiseprogramm des Ortsvereins im Jahre 1978

Waage halten. So geführt, steigen auch die Besucherzahlen, bis die Räumlichkeiten bald zu klein werden.

Wie hoch die Erwartungen unserer alten Mitglieder in ihrem Altenklub sind, zeigt folgendes Beispiel: In einem Altenklub war beschlossen worden, zwischen Weihnachten und Neujahr nicht

9. Aktivitäten des Ortsvereins

zu öffnen. Einige Mitglieder wollten es aber nun ganz genau wissen. Sie erklärten sich bereit, an den Weihnachtsfeiertagen und am Neujahrstag die Betreuung des Klubs zu übernehmen. In Bezug auf Besucher war man durchaus nicht optimistisch. Aber man wurde überrascht. Die Besucherzahl überstieg an allen Tagen den üblichen Durchschnitt bei weitem.

Welche Gründe führten diese Menschen an den hohen Feiertagen in ihren Klub? War es wirklich nur die Einsamkeit? Wollten sie vielleicht auch aus der Enge einer familiären Bindung heraus? Oder bringt der Altenclub doch ein gewisses Zusammengehörigkeitsgefühl hervor? Von allen wird es ein Weniges gewesen sein. Bewiesen aber wurde die Notwendigkeit der Altenarbeit in unseren Ortsvereinen."

Foto von der letzten Seniorenfahrt des Ortsvereins an die Ostsee im Sommer 2001

Ab 1979 hieß der Altenclub Seniorenclub, auch in den 80er-Jahren war die Seniorenarbeit ein Schwerpunkt.

„‚Neue Alte' kämpfen um ihr Haus", schreibt der Südkurier zur Jahreshauptversammlung am 14.3.1988. Gemeint sind die noch aktiven Senioren, deren Zahl sich in den folgenden Jahren stetig vergrößern wird.

9.2 Der Ortsverein im Chérisy-Areal

Im Zusammenhang mit dem geplanten Umzug von der Friedrichstraße in das Chérisy-Areal stellte der Ortsverein 1995 sein Konzept vor:
- Grundkonzept der Begegnung (entdecken, lernen, erleben, kommunizieren, unterhalten, informieren)
- generationenübergreifendes Bürgerbüro
- alle Bewohner des Areals als Zielgruppe
- konkrete Vorhaben: Chérisy-Café, Chérisy-Fest, Beratungen und Veranstaltungen
- Freizeitangebote für Kinder, Jugendliche, Senioren und alle gemeinsam
- Betreuungsangebote
- Integrationsangebote

Die Aktivitäten von Ortsverein und Kreisverband in Konstanz stellte die AWO in einem Rundschreiben so vor:
„Der Ortsverein der AWO in Konstanz organisiert jährlich nicht nur für seine Mitglieder, sondern für alle Interessierten ein umfangreiches Veranstaltungsprogramm. Im Vordergrund stehen gemeinsame Unternehmungen, wie Ausflugfahrten, Wanderungen, Besichtigungen, Besuche von Ausstellungen, Museen und anderen interessanten Einrichtungen, sowie eine gemeinsame ca. zweiwöchige Ferienreise. Regelmäßige Treffen zum Schachspielen, Diskutieren oder Kaffeetrinken finden in den Räumen des Ortsvereins statt. Eine Weihnachtsfeier und ein öffentliches Sommerfest in den Außenanlagen des Sozialzentrums sind Höhepunkte im Jahresprogramm. Organisiert und durchgeführt werden diese Veranstaltungen von den Vorstandsmitgliedern, die hierbei von anderen ehrenamtlichen Helfern unterstützt werden.
   Professionelle Hilfe in vielen sozialen Bereichen bietet der Kreisverband der AWO mit seinem Frauenhaus für schutzsuchende Frauen mit ihren Kindern, dem Pflegedienst, dem „Mobilen Sozi-

9. Aktivitäten des Ortsvereins

**Arbeiterwohlfahrt
Kreisverband Konstanz e. V.**

Treffpunkt Chérisy

Bürozeiten:
Montag/Mittwoch/Freitag, 10 bis 12 Uhr
und nach Vereinbarung

Kontakt:
Telefon: 07531-958963
Email: cherisy@awo-konstanz.de

Seniorenwohnanlage

Bürozeiten:
Montag bis Freitag, 9 bis 10 Uhr
und nach Vereinbarung

Kontakt:
Telefon: 07531-50462
Email: swa-cherisy@awo-konstanz.de

Migrationsberatung

Bürozeiten:
Dienstag, 9 bis 12 Uhr

Kontakt:
Telefon: 07732-941589
Email: migration@awo-konstanz.de

**Beratungsstelle
Mütterkuren
Mutter-Kind-Kuren
Vater-Kind-Kuren**

Bürozeiten:
Mittwoch, 10 bis 12 Uhr
und nach Vereinbarung

Kontakt:
Telefon: 07531-958963
Email: sibylledehnert@awo-konstanz.de

**Kontaktstelle
Frauen- und
Kinderschutzhaus**

Bürozeiten:
nach Vereinbarung

Kontakt:
Telefon: 07531-15728
Email: fh@awo-konstanz.de

**Arbeiterwohlfahrt
Ortsverein Konstanz e. V.**

Kontakt:
Email: ovkn@awo-konstanz.de

Beschilderung mit allen Einrichtungen im Treffpunkt Chérisy 2016

alen Dienst" für ältere und behinderte Menschen, der Altenpflegeschule, der individuellen Schwerstbehindertenbetreuung, einer Kindertagesstätte für insgesamt 35 Kinder, einer Angehörigengruppe von Alzheimerkranken und den Sozialdiensten für Mitbürger aus der Türkei und dem ehemaligen Jugoslawien.

Aber auch andere Einrichtungen der Arbeiterwohlfahrt auf Kreisebene werden von Konstanzer Bürgern in Anspruch genom-

Der jährliche Chérisy Flohmarkt organisiert vom Treffpunkt Chérisy

men. So bieten z.b. die AWO-Reisen Freizeit- und Erholungsmaßnahmen für Kinder und Jugendliche, Familie und Senioren, sowie Mutter-Kind-Kuren einschließlich Beratung und Nachbetreuung an. Die Belegung des Jugendwohnheims in Radolfzell erfolgt aus dem Landkreis, der Betreuungsverein ist in Konstanz tätig. Resozialisierungs-Kurse für Jugendliche und Sprachkurse für Ausländer finden regelmäßig im Sozialzentrum der AWO in Konstanz statt."
Im Jahr 1998 planten Ortsverein und Kreisverband gemeinsame Veranstaltungen mit Außenwirkung, z. B. über Gewalt an den Schulen oder Arbeitslosigkeit. Es fand ein Informationsgespräch zwischen AWO, Bau-Bürgermeister Volker Fouquet und Wobak-Direktor Bruno Ruess über das Chérisy/Fürstenberg-Gebiet statt, im Jahr darauf eine Informationsveranstaltung mit diesen Beteiligten. Die Begegnungsstätte Chérisy wurde in Treffpunkt Chérisy umbenannt. Im Jahr 2000 wurde eine Konzeptionsgruppe für die Chérisy-Einrichtungen eingesetzt. Im Jahr 2006 plante der Ortsverein eine neue Satzung mit Eintragung in das Vereinsregister, bisher war er eine Untergruppe des Kreisverbandes.

10. Jens Bodamer: Reaktion auf gesellschaftliche Veränderung – Die jüngste Entwicklung des AWO Ortsvereins von 2010 bis 2016

Der AWO Ortsverein hat sich seit dem Jahr 2010 unter meinem Vorsitz in unterschiedlichste Richtungen weiterentwickelt. Während Traditionen beibehalten oder wiederbelebt wurden, hat sich der Bedarf für neue Angebote gefunden.

Die beliebte Weihnachtsfeier findet weiterhin am ersten Samstag im Dezember im Treffpunkt Chérisy statt. Wiederbelebt wurde die Tradition eines Sommerfestes. Besonders gelungen war das große Fest im Sommer 2014 zusammen mit der Kindertagesstätte Talabu. Der Ortsverein versucht mit dieser jährlichen Initiative die AWO Einrichtungen in Konstanz näher zusammen zu bringen und so das Netzwerk der AWO in der Universitätsstadt zu stärken.

Der Donnerstagstreff für Senioren hat sich im Treffpunkt Chérisy endgültig etabliert und bietet älteren Menschen bei Kaffee und Kuchen Gelegenheit, sich untereinander auszutauschen. Ein neues Angebot für Senioren seit 2011 ist der Singkreis, der sich ebenfalls wöchentlich im Treffpunkt Chérisy trifft.

Im Jahr 2012 stand das Gebäude Friedrichstraße 21 im Zentrum der Aufmerksamkeit der Aktivitäten des Ortsvereins. Die hier vom Kreisverband betriebene Kindertagesstätte Talabu, die Spielgruppe Mini-Club und die Elternschule präsentierten sich auf einem Familientag im November erfolgreich und mit viel Ideenreichtum.

Das Gebäude bietet eine besondere Atomsphäre, der Altbau mit seinen für Kinder gigantisch hohen Decken, die verwinkelten Räume und das prägende Spielgelände hinter dem Haus sind eine Besonderheit, die sofort ins Auge fallen. Nicht umsonst wird bei einem Wortspiel aus dem Wort „Altbau" der Name der Kindertagesstätte „Talabu". So ist das Haus nach über 30 Jahren Kindertagesstätte der AWO sicherlich prägend für manche Kindheitserinnerungen. Ein modernes pädagogisches Konzept mit einem erfolgreichen Team und einer hervorragenden Leitung machen die Friedrichstraße zu einer stark nachgefragten Kinderbetreuungseinrichtung in Konstanz. Aus diesem Anlass wurde auf Anregung des Ortsvereins, mit Unterstützung der WOBAK als Eigentümerin des Gebäudes, die

Willkommen bei der AWO

Finden Sie unsere Arbeit gut? Dann werden Sie doch Mitglied!

In der Arbeiterwohlfahrt (AWO) haben sich Frauen und Männer als Mitglieder und als ehren- und hauptamtlich Tätige zusammengefunden, um in unserer Gesellschaft bei der Bewältigung sozialer Aufgaben mitzuwirken. In unseren Einrichtungen in der Friedrichstraße 21 verwirklichen wir diese Ziele konkret für Familien und Kinder in Konstanz.

Nur durch unsere Mitglieder ist es möglich, unseren Beitrag zur Unterstützung von Familien in Konstanz zu leisten. Setzen auch Sie sich ein für Chancengleichheit und Lebensqualität für Familien und werden Sie AWO-Mitglied.

Bereits ab 2,50 Euro pro Monat ist eine AWO-Mitgliedschaft möglich. Familien sind schon für 4,00 Euro pro Monat dabei.

Einen Mitgliedsantrag finden Sie unter:
www.awo-ov-konstanz.de

Träger der Einrichtungen in der Friedrichstraße 21 ist der AWO-Kreisverband Konstanz e. V. Der Familientag wird unterstützt vom AWO-Ortsverein Konstanz e. V.

Einladung zum Familientag 2012

am Sonntag, 25. November 14 bis 17 Uhr Friedrichstraße 21

Einladung zum Familientag in der Friedrichstraße 21

wechselvolle Geschichte in einem Band der kleinen Schriftenreihe des Stadtarchivs Konstanz durch Dr. Arnulf Moser aufgearbeitet und veröffentlicht.

Ebenfalls in der Friedrichstraße 21 findet das Familien-Café Friedrich statt. Jede Woche mittwochs verwandelt sich das altehrwürdige Foyer im ersten Obergeschoss in ein gemütliches Café, in dem Eltern und Kinder gemeinsam einen Nachmittag verbringen. Hier gibt es die Möglichkeit für Eltern, sich untereinander auszutauschen oder auch Rat von einer Fachfrau in Erziehungsfragen zu bekommen. Der Ortsverein unterstützt diese Einrichtung des

Kreisverbandes seit Jahren mit der Finanzierung einer pädagogischen Hilfskraft.

Das Jahr 2015 brachte die Eröffnung einer weiteren AWO Kindertagesstätte in Konstanz unweit des AWO Treffpunktes Chérisy. Die Vorbereitungen unterstützte der Ortsverein mit der vorübergehenden Bereitstellung des Ortsvereinsbüros und kleineren Anschaffungen. So konnte die Leiterin der KiTa CheriDu im November mit einer ersten Gruppe den Betrieb aufnehmen.

In der Sütterlin-Schreibstube treffen sich seit Juni 2010 alle zwei Wochen im Treffpunkt Chérisy Seniorinnen und Senioren, um ehrenamtlich Dokumente, die in Sütterlin oder noch älterer Schrift verfasst sind, in die moderne lateinische Schrift zu übertragen. Im Jahr 2015 wurden 234 Aufträge bearbeitet, diese kamen über das Internet aus der ganzen Welt: aus den USA, Südamerika, aus ganz Europa, fünf aus der Schweiz, 34 aus Baden-Württemberg und sechs aus dem Landkreis Konstanz. Die Belohnung für diese viele Arbeit sind Briefe voller Dankbarkeit, die die Schreibstube von vielen Auftraggebern erhält. Zudem bekam der Ortsverein zahlreiche Spenden, mit denen andere soziale Projekte der AWO in Konstanz unterstützt wurden. Die Sozialstiftung der AWO Baden unterstützte

Einladung für das Jubiläumsfest in die Friedrichstraße 21

Sozialstiftung

Freude über Zuschuss für Sütterlin-Schreibstube

Der AWO-Ortsverein Konstanz hat von der Sozialstiftung der AWO Baden einen Zuschuss in Höhe von 1.000 Euro für seine Sütterlin-Schreibstube erhalten. „Wir haben mit dem Förderbetrag einen Arbeitsplatz für eine ehrenamtliche Mitarbeiterin eingerichtet", erklärt Ortsvereinsvorsitzender Jens Bodamer. In der Schreibstube wird Geschichte lebendig gemacht: Ältere Mitbürgerinnen und Mitbürger, die sich noch mit Sütterlinschrift auskennen, übertragen unverständlich gewordene Texte in heutige Schrift. Meist handelt es sich um Feldpost, Briefe und Kochrezepte, die Kinder und Enkel auf Dachböden oder im Nachlass verstorbener Angehöriger entdecken.

Die Sütterlinschrift war in Deutschland ab 1920 verbreitet. Sie löste die Kurrentschrift ab und wurde zwischen 1935 und 1941 in abgewandelter Form als „deutsche Volksschrift" in den Schulen gelehrt. Das Interesse am Konstanzer Übersetzungsdienst ist groß. „Die ehrenamtliche Mitarbeiterin beantwortet manchmal zwei bis drei Anfragen täglich", erzählt Bodamer. Regelmäßig helfen zwischen zwanzig und fünfzig Seniorinnen und Senioren beim Projekt mit, viele auch in Heimarbeit. Sie haben dadurch wieder eine sinnvolle, geistig anspruchsvolle Arbeit gefunden.

Jens Bodamer (links) erhält den symbolischen Scheck von Wilfried Pfeiffer, Vorstandsmitglied der Sozialstiftung und stellvertretender Vorsitzender der AWO Bezirksverband Baden.

„Unsere Sütterlin-Schreibstube ist auch ein Generationen übergreifendes Projekt", freut sich der Ortsvereinsvorsitzende. „Oft übersetzen die Älteren die Texte mündlich und die Jüngeren tippen die Sätze direkt in ein Notebook. Ältere und Jüngere kommen so ins Gespräch, und es sind sogar Freundschaften entstanden."

Die Sütterlin-Schreibstube erhält einen Zuschuss von der Sozialstiftung der AWO Baden

im Jahr 2014 das große Engagement der ehrenamtlichen Helfer mit einem Zuschuss zur neuen Computerausstattung.

Die Antragshilfe wurde am 17.07.2015 ins Leben gerufen. Sie richtet sich an alle Menschen, die Schwierigkeiten mit dem Verstehen von Bescheiden oder Ausfüllen von Anträgen haben. Hierbei spielt es keine Rolle, um welche Art von Anträgen es sich handelt. In der Antragshilfe wird versucht, die Anträge gemeinsam mit den betroffenen Personen auszufüllen oder ihnen die Bescheide zu erklären. Die Antragshilfe findet immer donnerstags im Büro des Ortsvereins statt und wird von einer ehrenamtlichen Verwaltungsfachkraft betreut. Der Bedarf im Jahr 2015 lag hauptsächlich im Bereich der ALGII Neu- und Folgeanträge. Darüber hinaus war Bedarf im Bereich der Anträge auf Aufenthaltsgestattung, bzw. -erlaubnis, Kindergeld, Elterngeld, Wohngeld sowie der von der AWO ins Leben gerufene Brillenhilfe zu verzeichnen.

10. Jens Bodamer: Reaktion auf gesellschaftliche Veränderung …

Sie sorgen dafür, dass auch arme Menschen in Konstanz den vollen Durchblick haben. Für Spenden für die Brillen-Hilfe des Konstanzer Ortsvereins der Arbeiterwohlfahrt (AWO) werben (von links) Daniel Reimer (Kassier), Sandra Leichsenring (Schriftführerin), Corinna Boos (ehrenamtliche Helferin) und Jens Bodamer (Vorsitzender). BILD: CLAUDIA RINDT

Für den vollen Durchblick

Wir helfen mit (4): Die Arbeiterwohlfahrt (AWO) in Konstanz unterstützt Menschen, die sich eine neue Lesebrille nicht leisten können. Schon wenige Wochen nach dem Start stapeln sich die Anträge

VON CLAUDIA RINDT

Konstanz – Mit so einem Ansturm hatte die Arbeiterwohlfahrt in Konstanz gar nicht gerechnet. Im September startete sie die neue Brillen-Hilfe, und ohne dass sie dafür besonders Werbung gemacht hätte, lagen schon die ersten elf Anträge auf dem Tisch. Über die Schicksale der Menschen, die sie gestellt haben, kann die AWO nichts sagen. Sie hat bewusst die Anträge einfach gestaltet. Wer einen Konstanzer Sozialpass vorlegen kann oder einen Pass der Konstanzer Tafel, wer unter anderem Arbeitslosengeld II, Grundsicherung oder Wohngeld bezieht, kann auf Unterstützung hoffen. Kaum startete die neue Unterstützung, wurden 800 Euro an Konstanzer ausgezahlt, die sich eine neue Brille ansonsten nicht leisten könnten und so Ausgrenzung erfahren hätten.

Jens Bodamer, Vorsitzender des AWO-Ortsvereins in Konstanz, betrachtet es als Skandal, dass die Krankenkassen für die Brillen nicht mehr aufkommen: „So etwas Elementares fällt durchs Netz, das kann doch nicht sein." Ein Betroffener könnte dann beispielsweise aus Gründen der Armut keine Zeitung mehr lesen. Obwohl Optiker vielfach Möglichkeiten einräumen, Brillen auf Raten zu zahlen, seien viele ärmere Menschen überfordert. Zudem seien Ratenzahlungen unterm Strich oft teurer als der Sofortkauf. Und die angebotenen privaten Zusatzversicherungen für die Übernahme der Kosten einer neuen Brille seien mit Vorsicht zu genießen. Nicht für jeden lohne sie sich. Wie oft es zu Zahlungsproblemen kommt und wie häufig deshalb dringend benötigte Sehhilfen nicht angeschafft werden, darauf hatte die AWO Singen ihre Konstanzer Kollegen aufmerksam gemacht. Die AWO in Konstanz entschied sich, ebenfalls eine neue Hilfe für solche Fälle aufzubauen. Die Brillen-Hilfe finanziert sich aus Geldern, die die Sütterlin-Schreibstube einnimmt. Für die Übersetzung von Briefen und Karten geben Bürger Spenden, die auf Wunsch der Schreibstube in die Arbeit der AWO fließen. Doch es zeichnet sich schon jetzt ab, dass zusätzliche Spenden notwendig sind.

Die AWO reagiert auch auf ein weiteres Phänomen der aktuellen staatlichen Hilfssysteme. Die Übersicht der Hilfen und die Anträge dafür werden immer komplizierter. Damit die Unterstützungen auch bei den Menschen ankommen, hat die AWO die sogenannte Antragshilfe eingerichtet. Immer donnerstags von 15 bis 17 Uhr und freitags von 9 bis 11.30 Uhr im Treffpunkt Chérisy helfen Ehrenamtliche durch das Formulardickicht für Ämter, Energieversorger und Krankenkassen zu kommen. Unter den ehrenamtlichen Helferinnen ist eine in Verwaltungsfragen besonders geschulte Frau. Selbst sie habe zwei Stunden benötigt, um zu helfen, einen Hartz IV-Antrag auszufüllen, sagen Vertreter der AWO Konstanz. Bei den Anträgen zur Brillen-Hilfe hält die AWO die bürokratische Hürde niedrig. Es müssen nur wenige Fragen beantwortet werden, die auf eine DIN-A4-Seite passen.

So spenden Sie

In der Adventsserie Wir helfen mit stellt die SÜDKURIER-Lokalredaktion örtliche Hilfswerke vor, die mildtätig für Menschen in Konstanz, Allensbach und Reichenau wirken und dazu Spenden benötigen. Die Brillenhilfe der Arbeiterwohlfahrt (AWO) unterstützt Menschen, die sich den Kauf einer neuen Sehhilfe nicht leisten können. Wer das Projekt unterstützen will, kann spenden:
Sparkasse Bodensee
IBAN: DE51 6905 0001 0000 0288 94
BIC: SOLADES1KNZ
Stichwort: SÜDKURIER Brillen-Hilfe

 Alle bislang vorgestellten Projekte können Sie auch im Internet einsehen:
www.suedkurier.de/plus

Der Südkurier unterstützt die Brillenhilfe in der Weihnachtsaktion 2015

Im September 2015 entschied der Vorstand eine Brillenhilfe nach dem Vorbild der AWO in Singen für Konstanz einzurichten. Der Ortsverein bezuschusst die Anschaffung einer neuen Brille mit maximal 100 Euro für Menschen mit wenig Geld. Die AWO reagiert damit auf ein Phänomen der aktuellen staatlichen Hilfssysteme. Brillen gehören nicht mehr zum Leistungskatalog der gesetzlichen Krankenkassen. Eine Brille ist aber eine wichtige Voraussetzung für gesellschaftliche Teilhabe und den Zugang zum Arbeitsmarkt und somit wichtiger Faktor für ein selbstbestimmtes Leben. Die Brillenhilfe finanziert sich aus Spenden, die unter anderem die Sütterlin-Schreibstube einnimmt.

Der AWO Kreisverband koordinierte im Jahr 2015 die erste Veröffentlichung des Handbuches für den schmalen Geldbeutel für Konstanz. Der Ortsverein übernahm die Druckkosten und ist im Jahr 2016 dabei, eine digitale Version des Handbuches zu erstellen. Dieses soll im Herbst als Handbuch soziales Konstanz im Internet abrufbar sein und kontinuierlich gepflegt werden. Die Sozialstiftung der AWO Baden unterstützt das Projekt finanziell.

Auf Initiative und mit Mitteln des Ortsvereins konnten in Zusammenarbeit mit einem Architekten verschiedene bauliche Verbesserungen für den Treffpunkt Chérisy geplant werden. Diese werden bis zum Oktober 2016 mit Zuschüssen der Aktion Mensch und der Glücksspirale umgesetzt. Hierzu zählen unter anderem eine behindertengerechte automatische Eingangstüre für den Treffpunkt und eine schallabsorbierende Decke mit neuer zeitgemäßer Beleuchtung und moderner Medientechnik.

Als Reaktion auf die Flüchtlingskrise unterstützt der Ortsverein den Helferkreis in Dettingen bei der Lagerung von gespendeter Kleidung. So wird hierfür ab Herbst 2016 Lagerfläche im Treffpunkt kostenfrei zur Verfügung gestellt.

Die Arbeit unseres Wohlfahrtsverbands entwickelt sich entlang der Bedürfnisse der Menschen in Konstanz. Die Entwicklungen des Ortsvereins zeigen die Veränderungen unserer Gesellschaft ganz deutlich, und dieser ist bestrebt, die Schere zwischen arm und reich ein wenig zu schließen für die Menschen in Konstanz.

Teil 2: Jahreschronik der AWO in Konstanz

1946

Am 1. September wird der AWO-Ortsverein Konstanz gegründet. Im Jahre 1979 werden sieben Mitglieder mit diesem Eintrittsdatum geehrt.

1947

Südkurier 12.12.:
Die Zeitung berichtet über eine Sammlung der AWO in Konstanz für Heime zur Erholung von Kindern und Jugendlichen.

1948

Südkurier 7.9.:
„Kinder erlebten einen frohen Tag"
Der Ortsverein organisiert einen Ausflug nach St. Katharina, zurück geht es mit dem Schiff.

Südkurier vom 7.9.1948

Kinder erlebten einen frohen Tag
Die Arbeiter-Wohlfahrt Konstanz hatte 30 Buben und Mädchen zu einem Waldausflug eingeladen, 1 Freiwillige Helfer und Helferinnen begleiteten die muntere Schar der Sechs- bis Zehnjährigen und beantwortete die ungezählten Fragen über Pilze, Pflanzen, Beeren und Tiere. Hungrig und müde kehrte man schließlich im Gasthaus St. Katharina an, wo das reichlich und gute Mittagessen, eine Spende Schweizer Freunde, köstlich mundete. Den Reis, den es zu kosten gab, kannten die wenigsten der Kinder; sie haben ihn hier zum ersten Male gegessen. Nach kurzer Rast wurde dann eine Entdeckungsreise nach der Bierhöhle und dem umliegenden Wald unternommen. Kakao und Marmeladebrote erweckten nachher nochmals helle Begeisterung. Mit dem Schiff ging es dann zurück nach Konstanz, wo unter die hungrige Schar noch einige Stollen Brot und je eine Tafel Schokolade verteilt wurden. Es war ein glückliches Erlebnis für die Kleinen, ein Sonnenstrahl in ihrem so freudearmen Leben.

Eine Helferin des Nächsten

Am Donnerstag, den 2. Dezember, wird Frau Pauline Gutjahr, Brauneggerstr. 42, siebzig Jahre alt. Trotz ihres Alters nimmt Frau Gutjahr mit größtem Interesse am geistig-kulturellen und politischen Leben unserer Stadt teil. Und mit aller Intensität widmet sie sich in der Arbeiterwohl-

Vergeßt nicht die Adventssammlung des Evangelischen Hilfswerkes!

fahrt den verschiedenartigsten caritativen Aufgaben. Diese Spannkraft und geistige Lebendigkeit schöpft Frau Pauline Gutjahr aus ihrem tiefen Glauben an den Menschen und ihren bedingungslosen Erfüllstein von der Idee der Menschlichkeit. Dieser Glaube füllt ihr Leben aus, obwohl sie acht schwere Jahre in den Zuchthäusern und den KZ's der Nazis leiden mußte und obwohl ihr dort der Mensch in furchtbaren Verirrungen und Entartungen begegnet war. Die ganze Schuld dieser Frau hatte darin bestanden, daß sie ihr eigenes Leben vielmals gewagt hatte, um das Leben anderer Menschen zu retten. An ihrem heutigen Geburtstag gedenken all die Menschen ihrer mit dem Gefühl tiefster Verehrung und Dankbarkeit, denen sie durch Leben, Arbeit und Opfer ein Vorbild geworden ist.

Südkurier vom 2.12.1948

1949

Südkurier 1.2.:
Kindernachmittag der AWO
Er wird am Sonntag, 30. Januar, in der „Gebhardshalle" vom Vorsitzenden des Ortsvereins, Kreisrat (SPD) Georg Auer, Zimmerpolier, organisiert. 150 Kinder sind zu Kakao und Gipfel eingeladen. Viele Kinder trinken zum ersten Mal Kakao. Es spielt die Musikgruppe der Naturfreunde Wollmatingen.

Südkurier 3./4.2.:
Im Zusammenhang mit einer Sammlung der AWO lädt die Ortsgruppe Wollmatingen 50 Kinder zu Essen und Kakao in den „Alpenblick" ein. Es spielt die Musikgruppe der Naturfreunde.

Aus dem ersten Konstanzer Adressbuch nach dem Krieg aus dem Jahre 1949 ergibt sich, dass die Geschäftsstelle des Ortsvereins identisch ist mit der Wohnung von Georg Auer, Hüetlinstraße 7. Man kann davon ausgehen, dass Auer Vorsitzender seit 1946 war.

1950

Südkurier 6.12.:
Die vier Wohlfahrtsverbände in Konstanz (Caritas, Evangelisches Hilfswerk, Rotes Kreuz, AWO) planen eine Spendenaktion für das Flüchtlingslager in Egg.

Die Adresse der AWO ist jetzt Friedrichstraße 21. Diese Adresse gilt bis 1955, denn in diesem Zeitabschnitt war in diesem Gebäude die Mädchenschule Petershausen (Gebhard-Schule) untergebracht, (vor 1949 Wöchnerinnenheim und Frauenklinik, ab 1955 in französischer Militärverwaltung, weil das Gebäude als ehemaliges Militärlazarett von den Franzosen als militärische Anlage eingestuft wurde).

1951

Südkurier 5.6.:
Bericht über die Jahreshauptversammlung (JHV) im Gasthaus „Hohenzollern". Der Vorsitzende Stadtrat Franz Henne (SPD), Schreinermeister, gibt den Jahresbericht, es folgt ein Bericht über Fürsorgemaßnahmen.

Wahlen: Franz Henne wird wiedergewählt, d.h., er war wohl seit 1950 im Amt. 2. Vorsitzender wird Werner Rüger (Reichenau), Kassierer H. Okle, Schriftführerin Frau Hugel, Fürsorgerin Frau Heißler.

Südkurier 27.6.:
100 Personen vom AWO-Ortsverein Pforzheim kommen am Wochenende vom 23. Juni nach Konstanz.

Am 29.6. findet eine verbilligte Kulturfahrt nach Luzern statt.

1952

Südkurier 16.12.:
In der „Gebhardshalle" findet die Nikolausfeier für Kinder der Mitglieder und Flüchtlingskinder mit über 100 Teilnehmern statt.

Südkurier 27.12.:
Der AWO Ortsverein beteiligt sich mit anderen Organisationen an der Weihnachtsfeier im Flüchtlingslager Egg.

1953

Südkurier 6.7.:
Jahreshauptversammlung (JHV) im Gasthaus „Hohenzollern". Der Vorsitzende Franz Henne wird wiedergewählt. Zum Geschäftsführer wird Helmut Hellstern gewählt. Auf Antrag von Klara Leonhardt erfolgt die Bildung eines Arbeitsausschusses, und es wird ein Bauausschuss für den Bau eines eigenen Altersheimes gebildet.

Südkurier 14.8.:
Die AWO macht einen Ausflug mit 100 älteren Leuten in drei Bussen in das Säntisgebiet.

Südkurier 18.12.:
Weihnachtsfeier: Es singt die Kindergruppe der Naturfreunde, es tanzen Kinder aus einer Tanzschule, 150 Kinder werden beschenkt. Bürgermeister Diesbach dankt der AWO für ihren Einsatz.

Südkurier 19.1.54:
„Arbeiterwohlfahrt schenkte Freude für die Alten."
„Nicht nur für die Jugend, auch für die Alten muss gesorgt werden".
Weihnachtsfeier Dezember 1953: 150 über 60jährige werden in den „Bauhof" eingeladen und beschenkt. Der Vorsitzende Henne tritt für die Stärkung der Altenfürsorge ein und hofft auf ein eigenes Altersheim.

Anwesend sind auch der Kreisvorsitzende Herler und Bürgermeister Diesbach. Es wird Zither- und Harmonikamusik geboten,

Geschäftsführer Helmut Hellstern trägt Dichtungen vor, Otto Maier humorvolle Vorträge.

1954

Südkurier 6.3.:
„Sammlung der AWO"
Vom 5. bis 11. März findet die Haus- und Straßensammlung (Landessammlung) statt.
Die Zeitung führt die Aktivitäten der AWO auf, neu ist eine Paketaktion für Bewohner der „Ostzone".

Südkurier 18.5.:
„Dem Nächsten helfen – eine soziale Aufgabe"
Jahreshauptversammlung in der „Unteren Sonne": Die AWO ist in erste Linie bei Gesundheitsfürsorge aktiv, aber auch mit wirtschaftlicher Fürsorge für Alte und Flüchtlinge
Es wurden Sachleistungen im Wert von 1.800 DM erbracht, soziale Betreuung mit 5.000 DM unterstützt, 100 Pakete in die „Ostzone" verschickt.
Die Mitgliederzahl ist erneut gestiegen.

Neuwahlen:
1. Vorsitzender und Geschäftsführer Helmut Hellstern, Wagenwerkmeister
2. Vorsitzender Stadtrat Julius Grimm
Hauptkassier Höllner, Schriftführer Schroff, Sozialbetreuerin Frau Heißler mit Helferinnen Frau E. Häusler und Frau Geisenberger, Flüchtlingsberater Wolf, Revisoren H. Okle und Bär

Südkurier 16.6., 13.7., 17.8., 2.9.
Programmangebot für Ausflugsfahrten:
- Mit drei Bussen und 130 Personen nach Zürich und Flughafen
- Konstanzer Jugendliche im Zeltlager der AWO Südbaden in Horn, Grundstück der AWO
- Dampferfahrt für die Erwachsenen zum Besuch des Zeltlagers
- Freilichtaufführung im Rathaushof „Der zerbrochene Krug"

- Fahrt für Kinder nach Zürich einschließlich Zoo und Flughafen
- Wanderung für Kinder nach Dettingen
- Besichtigung der Firma Maggi Singen
- Mit vier Bussen und 193 Personen in das Kleine Walsertal.

Südkurier 2.10., 15.10:
Der Mitgliederzuwachs ist erfreulich. Geplant wird ein Vortrag mit der Bezirksvorsitzender Marta Schanzenbach.

Projekt: Das Europahaus Mainaustraße 29 (heute Rotes Kreuz) könnte in ein Altenheim umgewandelt werden mit zusätzlichen Wohnungen und der Geschäftsstelle der AWO. Vor 1945 war das Gebäude Sitz der Gestapo, ab 1950 deutsch-französisches Zentrum, auch Lyzeumsclub, Deutsch-Französische Vereinigung, Lehrervereinigung, Jugendclub, Gewerkschaftsjugend.

Bisher war es vom Land der Stadt kostenlos überlassen, jetzt im Besitz des Bundes, der die ortsübliche Miete haben will. Das Haus ist renovierungsbedürftig.

Südkurier 14.12.:
Nikolausabend in der „Oberen Sonne": Zuerst wurden 220 Kinder beschenkt, dann folgte der Abend für die Älteren.

1955

Südkurier 28.7.:
„Helfende Hände lindern manche Not."
Jahreshauptversammlung in der „Unteren Sonne". Die Fürsorgerin Martha Heißler gibt einen Leistungsbericht: Die AWO ist beteiligt bei Jugendbeiräten des Jugendamtes und als Jugendschöffen: „Wir Hausfrauen und Mütter haben das richtige Empfinden für diese Dinge".

Angesprochen werden Betreuung für Familien und alte Leute, Krankenhausbesuche, Kinderkuren, Zeltlager Horn, Müttererholung. Dazu Frau Heißler: „Wir suchen noch Helferinnen, wir können nicht genug haben".

Die Mitgliederzahl steigt weiter an. Bei einem Umzug der Mädchenschule (Gebhardschule) aus der Friedrichstraße in das Schulgebäude am Zähringerplatz muss der Ortsverein eine neue Geschäftsstelle suchen.

Neuwahlen:
1. Vorsitzender Julius Grimm (bis 1967), Stadtrat (SPD) seit 1946, Elektromonteur, Gewerkschaftssekretär
2. Vorsitzende und Geschäftsführerin Martha Heißler
Es wird ein Ausschuss gebildet, der jeden Monat die Arbeit des Vorstands überprüft, besetzt mit den vier SPD-Stadträten und H. Hellstern und H. Okle.

Eine Arbeitstagung des Bezirks Südbaden in Konstanz mit 150 Delegierten wird für September angekündigt.

Südkurier 18.8.:
Die Konferenz des Unterbezirks Bodensee findet in Radolfzell statt unter Leitung des Vorsitzenden Michael Herler. Zu diesem Zeitpunkt bestehen Ortsvereine in Singen, Konstanz, Rielasingen und Radolfzell.

Südkurier 26.9.:
„Frauen, Mütter und Familie"
Die Zeitung berichtet über die 6. Bezirkskonferenz des Bezirks Südbaden in Konstanz. Als Auftakt findet ein festlicher Abend im Konzil statt, dabei ein Referat der Vorsitzenden Marta Schanzenbach zum Thema „Frauen, Mütter, Familie in unserer Gesellschaft": Stationen der Gleichberechtigung der Frauen, Gründe für die öffentliche Zurückhaltung der Frauen, zu überlastet als Hausfrau, Mutter und Berufstätigkeit, Minderwertigkeitskomplex gegenüber Öffentlichkeit anerzogen, raues männliches Klima in der Politik.

170 Delegierte tagen in der „Oberen Sonne".
Die Offene Fürsorge wird angesprochen, als Beispiel: 42 Nähstuben mit 86 Zick-Zack-Maschinen für Frauen ohne Nähmaschinen.

Öffentliche Jugendfürsorge: 1.500 Kinder wurden im Berichtsjahr zur Erholung geschickt, es gibt Erholungsheime für Mütter und für Kinder.

Ein Altersheim der AWO besteht in Freiburg, ein weiteres ist in Offenburg geplant.

Vor 1933 gab es mehr Helfer als heute, doch die Arbeit nur mit Ehrenamtlichen ist nicht ausreichend, mehr Fachkräfte sind erforderlich.

Der Vorstand wird wiedergewählt: 1. Vorsitzende Marta Schanzenbach, 2. Vorsitzender Fritz Schiele, Landtagsabgeordneter und Bürgermeister von Freiburg.

1956

Südkurier 14.4.:
„Sommerarbeit der Arbeiter-Wohlfahrt"
Vorgestellt werden Ausflugsprogramm, Kindererholung in Heimen und Zeltlager Horn, Müttergenesungsheim, Erwachsenenerholungsheim, Altersheim in Freiburg-Wiehre.

Südkurier 29.5.:
„Hilfe für Menschen, die in Not sind"
„Aus der Jahresarbeit der Arbeiterwohlfahrt in Konstanz"
Jahreshauptversammlung in der „Oberen Sonne": 128 neue Mitglieder traten ein, es gab ein gutes Ergebnis bei der Landessammlung.

Es wurden Lebensmittel und Kleidung für Bedürftige verteilt, 200 Kinder am Nikolaustag beschenkt, 150 Kinder in das Stadttheater zu Märchenspiel eingeladen. Bei der Adventsfeier waren 200 Personen anwesend.

Zahlreiche Fahrten wurden durchgeführt.

Der Ortsverein hat eine neue Geschäftsstelle in einem Pavillon auf dem Gelände der Gebhard-Schule am Zähringerplatz, Rückseite, Zugang von der Steinstraße. Diese neue Geschäftsstelle heißt jetzt Friedrich-Ebert-Heim und hat die Adresse Steinstraße 1 (heutige Adresse der Feuerwehr).

Hilfe für Menschen, die in Not sind

Aus der Jahresarbeit der Arbeiterwohlfahrt in Konstanz

Menschen, die in Not sind, Beistand leisten, ihnen zu helfen mit Rat und Tat — nach diesem Grundsatz handelt und strebt die Arbeiterwohlfahrt. Wie ernst diese Aufgaben genommen werden, das kam in der Jahreshauptversammlung der Arbeiterwohlfahrt, Ortsverein Konstanz, die in der „Oberen Sonne" abgehalten wurde, stark zum Ausdruck. Eine besonders gute Zusammenarbeit der Vorstandschaft und aller freiwilligen Hilfskräfte, ein vorbildlicher Idealismus und Freude am Freudeschenken waren vor allem mitbestimmend bei den Erfolgen im verflossenen Geschäftsjahr.

Erster Vorsitzender Stadtrat Julius Grimm erwähnte in seiner Ansprache zu Beginn des Abends einige Geschehnisse von Bedeutung: Die Zahl der Mitglieder hat beträchtlich zugenommen. 128 waren neu hinzugekommen. Von einer großen Sorge wurde der Ortsverein befreit. Die Geschäftsstelle in der Friedrichstraße (altes Wöchnerinnenheim) mußte geräumt werden. Durch das Entgegenkommen der Stadtverwaltung, vor allem des Hochbauamtes, erhielt die Arbeiterwohlfahrt ein neues Heim im Pavillon der Petershauser Schule.

Geschäftsführerin Frau Martha Heißler gab einen ausführlichen Bericht über die geleistete Arbeit im vergangenen Jahr. Es war kein nüchterner Bericht, der den zahlreich erschienenen Mitgliedern dargelegt wurde, sondern ein Bild lebendigen Schaffens und Wirkens zum Wohle der Notleidenden, der Einsamen und Hilfsbedürftigen. Ein besonderer Erfolg war diesmal die Sammlung, die in jedem Jahr einmal durchgeführt wird. Die eingegangenen Geldspenden ergaben eine bedeutende Summe, die um über 1000 DM größer war als die des Vorjahres. Das Geld, das der Arbeiterwohlfahrt zufließt, kommt besten Zwecken zugute. Auch darüber gab der Bericht Auskunft. So wurden beispielsweise im letzten Jahr wieder Kinderverschickungen durchgeführt. Vier Kinder kamen in das Zeltlager Horn am Untersee, zwei Kinder in das Kreiserholungsheim Schienerberg, vier Kinder in Heime der Arbeiterwohlfahrt. Vier Mütter konnten sich in einem Müttergenesungsheim erholen. Unter den Müttern war eine, die nur noch 84 Pfund wog. Vier Wochen Ausspannung und gute Betreuung wirkten sich in bester Weise aus. Mit 12 Pfund Mehrgewicht kam die Frau wieder nach Hause. Frau Emmy Häuser, die rührige Sozialbetreuerin der Arbeiterwohlfahrt, führte in ihrer umfangreichen Berichterstattung viele Zahlen an. Auch diese Zahlen sprachen von Beistand und Fürsorge, von einer wirklichen Hilfe, wo Hilfe erforderlich ist.

An 90 Rentner und Bedürftige wurden Lebensmittel ausgegeben, ferner erhielten 790 Familien Lebensmittel, 42 Familien Kleider und Schuhe. Mitglieder, die ihren 70., 75. oder 80. Geburtstag feierten, wurden mit einer Flasche Wein beschenkt. Vier kranke Mitglieder bekamen ebenfalls ihren Wein. 30 Familien erhielten ein Care-Paket und zwei Familien ein Geschenk zur goldenen Hochzeit. An zwei Wöchnerinnen wurden Windeln ausgegeben sowie leihweise einen Babykorb.

200 Kinder erhielten bei der Nikolausfeier je ein Paket mit neuen Kleidungsstücken sowie Spielwaren und Süßigkeiten. 150 Kinder über sechs Jahre durften an einem Märchenspiel im Stadttheater teilnehmen. Für 200 alte Leute wurde eine schöne Adventsfeier gestaltet. Die zwei Schüblinge sowie das Viertele Wein ließen sich die Alten vorzüglich schmecken. Die Stadt hatte den Wein gespendet, die Metzgerinnung Konstanz war in entgegenkommender Weise für die Schüblinge aufgekommen.

Um den Mitgliedern besondere Freuden im Alltag zu verschaffen, wurden im verflossenen Jahr wieder Fahrten durchgeführt, die es auch den Minderbemittelten erlaubten, einmal einen Blick in eine andere Gegend, in eine Stückchen „fremde Welt", zu tun. Fahrten ins Montafon, zum Säntis, an den Vierwaldstätter See und in den Schwarzwald, nach Zürich und Schaffhausen brachten eine große Freude.

Frau Stadtrat Klara Leonhardt sprach den Vorstandsmitgliedern den Dank für die opferreiche Arbeit aus. In einer Zeit, wo Selbstsucht nur allzu oft im Vordergrund steht, sei es besonders zu bewerten, wie uneigennützig und freudig die Vorstandschaft der Arbeiterwohlfahrt, zusammen mit ihren Helfern und Helferinnen, sich einsetze. Die Arbeiterwohlfahrt, so führte Frau Leonhardt weiter aus, müsse eine Stätte sein, die ein Heim für Einsame, Alte und Hilfesuchende sei, wo für eine Aussprache über Sorgen und Nöte immer Verständnis aufgebracht werde.

Der hauptamtliche Geschäftsführende vom Unterbezirk Bodensee, Stadtrat Karl Morlok, Singen, behandelte in einer Ansprache die Frage: Warum Wohlfahrtsverbände? Er führte an, daß die Hilfe des Staates nicht ausreiche, die Not zu lindern. Ueber die Geschichte der Arbeiterwohlfahrt, ihre Aufgaben und Ziele gab Stadtrat Morlok einen interessanten Ueberblick.

Im weiteren Verlauf der Jahreshauptversammlung wurde der bisherige Vorstand einstimmig wiedergewählt. Auf allgemeinen Beschluß wurde der neuen Geschäftsstelle der Name „Friedrich-Ebert-Heim" gegeben. Diese Namensgebung soll im Rahmen einer kleinen Feier noch offiziell bekundet werden.

Löwen-Baby im Stadtgarten

Gestern nachmittag war im Stadtgarten ein etwa zwölf Wochen altes Löwen-Baby zu sehen. Es lag friedlich dösend auf den noch etwas spärlichen Rasen vor dem Konzilgebäude und ließ sich auch von den vielen vorüberziehenden Spaziergängern nicht aus der Ruhe bringen. Zwischendurch konnte man sich mit dem kleinen Löwen fotografieren lassen.

Konstanzer Hafenpegel: 26. Mai 360 cm, 27. Mai 362 cm, 28. Mai 363 cm.

Bericht über die Jahreshauptversammlung im Südkurier vom 29.05.1956

Südkurier 6.11.:
„Die Hilfsbereitschaft ist groß"
Es findet eine Spendenaktion von AWO, Caritas, Rotem Kreuz und Evangelischem Hilfswerk für die Ungarnflüchtlinge statt (Geld, Kleidung, Medikamente).

Südkurier 11.12.:
„Freude für alte Leute und für Kinder"
Die Adventsfeier der AWO findet in der „Oberen Sonne" statt, am Nachmittag Nikolausfeier, 260 Päckchen für Kinder und Freikarten für eine Märchenvorstellung im Stadttheater für die Schulkinder, Musik Roland Hagen. Am Abend folgt die Feier für 250 Personen über 60 Jahre, es sprechen der 1. Vorsitzende Julius Grimm, u.a. über die steigende Mitgliederzahl und der Unterbezirksvorsitzende Michael Herler aus Singen, u.a. über die Nöte der Ungarnflüchtlinge. Als musikalische Unterhaltung spielt die Kapelle Zahn.

Es gibt keinen Hinweis auf eine Feier zum 10jährigen Jubiläum des Ortsvereins.

Südkurier 15.12.:
Die Zeitung berichtet über die Spendenaktion für Ungarn durch die vier großen Wohlfahrtverbände.
Von der AWO kamen vier große Kleiderkisten und 23 Kartons mit Wäsche und Säuglingsausstattung. Außerdem verteilt die AWO Lebensmittel an bedürftige Mitglieder (½ Pfund Butter und 1 Pfund Milchpulver).

1957

Südkurier 13.4.:
„Umfangreiches Betreuungswerk der Arbeiter-Wohlfahrt"
Jahreshauptversammlung in der „Oberen Sonne": Es berichtet die Geschäftsführerin Emmi Heuser:

- Es wurden Lebensmittel an 1050 Familien, Kleider und Schuhe an 35 Familien verteilt, Weihnachtspakete an 14 Personen.

- Für 250 Kinder und 250 Rentner wurde eine Weihnachtsfeier veranstaltet.
- 165 Familien bringen Geld- und Sachspenden für Ungarn-Flüchtlinge zur AWO.
- Es wurden Ausflugsfahrten organisiert, und es konnten Erholungsaufenthalte für 10 Mütter und 23 Kinder vermittelt werden.

Der Vorsitzende des Unterbezirks Bodensee bezeichnet die Entwicklung des Ortsvereins als beispielhaft, er gehört zu den größten in Südbaden, hat in den zehn vorangegangene Jahren 250 neue Mitglieder gewonnen und hat jetzt 710 Mitglieder. Es bestehen jedoch Nachwuchsprobleme.

Wahlen: Julius Grimm wird wiedergewählt, Martha Heißler wird 2. Vorsitzende, Emmi Heuser Sozialleiterin, Siegfried Hoffmann Kassier, Erwin Schroff Schriftführer.
Es wird ein Arbeitsausschuss von fünf Mitgliedern gebildet.

Südkurier 17.5.:
Die Bundestagsabgeordnete Marta Schanzenbach (SPD) spricht beim SPD-Ortsverein: für Erwerbstätigkeit der Frauen, Hausfrauenurlaub, politische Beteiligung der Frauen.

Klara Leonhardt schlägt eine Jungbürgerfeier als festlichen Akt für Jugendliche im Wahlalter (ab 21) vor. Diese findet zum ersten Mal am 6. Oktober im Stadttheater statt, es spricht Prof. Waldemar Besson aus Tübingen.

Südkurier 6.6:
„Ein Wunsch für unsere Stadt"
Bei einer Ausflugsfahrt besichtigen Mitglieder des Ortsvereins das neue Altersheim der AWO in Offenburg, man wünscht sich ein solches Heim für Konstanz. In Singen ist ein Altersheim im Bau.

Es folgt ein Hinweis auf die Haushaltungsschule der AWO im Tretenhof bei Lahr für junge Mädchen, als Grundausbildung für weitere Berufsmöglichkeiten im sozialen Bereich.

1958

Südkurier 10.3.:
„Einmal fern von Sorgen und Mühen"
„Unterhaltungsabend der Arbeiter-Wohlfahrt mit Musik, Artistik und Humor"

Der Obere Konzilsaal ist voll besetzt, Begrüßung durch Julius Grimm. Die Mitgliederzahl hat „die Grenze der 1000 erreicht."
Es treten auf ein Akkordeon-Orchester, Werner Knuth mit Kabarett und ein Humorist am Flügel, Jongleur Bobby Müller, zwei Contis mit Kunstradfahren, zwei Früchtle aus dem Paradies, Zauberer Ludino, Lisi Hettler und Roland Vogel als tanzende Zeitungsboys.

Südkurier 22.4.:
„Dem Nächsten dienen und helfen"
Jahreshauptversammlung in der „Oberen Sonne". Motto „leibliche Not lindern und alten Menschen Freude machen"
Die Mitgliederzahl ist in einem Jahr von 700 auf 833 gestiegen. Es gibt wieder eine Freifahrt in die Schweiz für die über 70-jährigen, diese Fahrt hat bereits Tradition.

Es wurden Lebensmittel an 980 Familien verteilt sowie 28 CARE-Pakete, ferner Schuhe, Kleider, Wäsche für 58 Familien. Es gab 28 Geschenke für den 75. und 80. Geburtstag.

Bei den Konstanzer Geschäften wurde eine erfolgreiche Weihnachtssammlung zugunsten von Rentnern und Kindern durchgeführt, vom Stadttheater kamen Freikarten für Alte und Kinder.

Es kamen 300 Kinder zu der Nikolaus-Feier, 250 Alte zur Adventsfeier, 250 Frauen zu einem Kaffeekränzchen.

Die Ausflugsfahrten im Sommer werden angesprochen. 14 Frauen konnten in ein Erholungsheim fahren, 13 Kinder in ein Ferienlager, 3 Kinder in eine Kur.

Michael Herler vom Unterbezirk Bodensee erklärt: Der Ortsverein Konstanz steht in Südbaden an der Spitze.

Der alte Vorstand wird wiedergewählt. Der Arbeitsausschuss besteht aus Klara Leonhardt, Berta Hormes, Hans Okle, Fritz Häuser, August Mauthe.

Als neues Projekt wird die Nachbarschaftshilfe angesprochen.

Südkurier 10.5.:
„Blütenfahrt ins Donautal"
Gemeint ist eine Kaffeefahrt für die ältesten Mitglieder (über 70 Jahre), vier Busse mit 160 Leuten.

Südkurier 9.12.:
„Der Nikolaus bei der Arbeiterwohlfahrt"
In der „Oberen Sonne" werden 250 Kinder und 260 alte Leute beschenkt. Für die Kinder gibt es nützliche Dinge wie Wäsche, Kleidung, Spielsachen, Bücher, sowie Theaterkarten für ein Märchenspiel im Stadttheater.

Abends findet die Feier für Rentner über 65 Jahren statt, mit Abendessen, Trio des Städtischen Orchesters, Nikolaus-Päckchen.

1959

Südkurier 11.2.:
„Zu helfen in allen Lebenslagen"
„Aus dem vielfältigen Aufgabengebiet der Arbeiter-Wohlfahrt"
Der Südkurier besucht eine Lebensmittelausgabe in der Geschäftsstelle der AWO, einmal im Monat werden ca. 200 Personen bedacht. Jeden Mittwoch sind Anmeldungen zu Kuren für Kinder und Mütter möglich.

Es gibt verbilligte Theater-Abos, Nikolausfeiern, Frauen-Kaffeekränzchen.

Südkurier 7.4.:
„In Not beistehen – Kranken helfen"

Jahreshauptversammlung in der „Oberen Sonne". Jeden Mittwoch findet Sprechtag statt. Ein neues Projekt einer Hauspflegestation wird angesprochen. Im letzten Jahr wurden 1606 Lebensmittelspenden an Familien verteilt, ferner 20 Festpakete an Weihnachten für bedürftige Familien, für fünf Familien Lebensmittel zur Erstkommunion, an 57 Familien Kleider, Wäsche, Schuhe, an drei Wöchnerinnen Babywäsche, Weingeschenke zum 70./75./80. Geburtstag.

Es kommen 250 Kinder zur Nikolausfeier, 260 Rentner zur Adventsfeier. Es gibt verbilligte Theater-Abos, das Fahrtenprogramm wird besprochen. Im Donautal wird eine Ferienkolonie von 14 Tagen für Kinder angeboten. 13 Frauen können in Erholungsaufenthalt fahren, mehrere Kinder in eine Kur. Die AWO leistet finanzielle Unterstützung für Kleinrentner. Durch Vermittlung der AWO gibt es vom Südwestfunk Zuwendungen an Bedürftige. Die Deutsch-Französische Vereinigung lädt fünf Kinder aus der AWO an Weihnachten zur Bescherung ein. Der Geschäftsführer des Unterbezirks Karl Morlock, Singen, bescheinigt dem Ortsverein vorbildliche und fruchtbringende Tätigkeit.

Der Vorstand wird wiedergewählt, Revisoren sind Hans Okle und Klara Leonhardt.

Südkurier 18.8.:
„Ein Paradies der Arbeiterwohlfahrt am Untersee"
Das Zeltlager des Bezirksverbandes in Horn wird beschrieben, insgesamt 600 Kinder aus Südbaden im 3-Wochen-Rhythmus, Zelte mit amerikanischen Feldbetten, pro Zelt ein Erwachsener und neun Kinder, aktives Lagerleben, Fahrtenprogramm.
Die Leitung hat Bezirksgeschäftsführer Walter Gallinger.

Südkurier 12.11.:
Martha Heißler und Franz Henne werden in den Bürgerausschuss gewählt.

Südkurier 17.11.:
Die Stadträte Julius Grimm und Klara Leonhardt werden auch in den Kreistag gewählt.

Südkurier 8.12.:
„Freude für 250 Kinder und 270 alte Leute"
„Der Nikolaus der Arbeiterwohlfahrt hatte einen großen Sack bei sich".

Die Nikolausfeier findet in der „Oberen Sonne" statt, organisiert von der Geschäftsstellenleiterin Emmy Häuser. Es sind auch 10 Personen aus dem Altersheim Gütle eingeladen.

Es gibt ein Abendessen für die alten Leute, ein Trio des städtischen Orchesters spielt, als Nikolaus Otto Hagen.

Der Unterbezirksvorsitzende Michael Herler erklärt: die AWO ist inzwischen über die Grenzen der Bundesrepublik hinaus mit Hilfen aktiv.

1960

Südkurier 5.4.:
„Bunte Akkordeonklänge, Schuhplattler und Volkstänze"
„Gutbesuchter Unterhaltungsabend der Arbeiterwohlfahrt im Schützen"

Es treten auf Akkordeonorchester und Mundharmonika-Trio, im zweiten Teil der Gebirgstrachtenverein. Es gibt eine Tombola, die Einnahmen daraus werden für die Wohlfahrtspflege verwendet.

Südkurier 17.8.:
„200 Kinder erholen sich trotz Wolken und Regen gut".
„Frohe Stimmung in der Jugend-Ferienkolonie der Arbeiterwohlfahrt in Horn am Untersee"

Das Zeltlager findet im Drei-Wochen-Rhythmus für je 200 Kinder von 10 bis 14 Jahren aus Südbaden statt (insgesamt 600). Sie kommen aus allen Schichten der Bevölkerung. Das Zeltlager wird seit 1951 durchgeführt, als Betreuerinnen sind dieses Mal 25 Studentinnen eingesetzt. Es gibt fünf Mahlzeiten am Tag. Vorhanden sind ein Esszelt für 250 Personen und ein Wirtschaftsgebäude. Hier sind Frauen und Mädchen aus den Ortsvereinen tätig.

Südkurier 5.12.:
„Vermehrte Sorge um heranwachsende Jugend und um die Alten"
Der AWO-Unterbezirk Bodensee tagt in Radolfzell: Das Projekt Altersheim in Singen wird vorgestellt, es werden Frauen für die Hauspflege gesucht.

Die stellvertretende Bundesvorsitzende der AWO Marta Schanzenbach spricht: Hauptaufgaben sind die Geborgenheit für die Alten und die Teilnahme der Jugend im kulturellen Leben. Sie fordert eine berufliche Ausbildung für alle Mädchen, bessere Startchancen für Kinder aus kinderreichen Familien, Halbtagsarbeitsplätze für Frauen.

Südkurier 13.12.:
„Vorweihnachtliche Freude für alte und einsame Menschen"
An der Adventsfeier in der „Oberen Sonne" nehmen 250 Teilnehmer über 65 Jahren teil, ferner 20 Gäste aus dem Altersheim.

Das Abendessen ist eine Spende der Metzgerinnung. Es gibt Darbietungen der Jugendgruppe.

Nachmittags war die Nikolaus-Feier für 250 Kinder, dabei wurde ein Weihnachtsspiel der Jugendgruppe aufgeführt.

1961

Südkurier 29.3.:
„Ein buntes und abwechslungsreiches Programm"
„Frühlingsfest der Arbeiterwohlfahrt Ortsverein Konstanz"
Dieses Fest soll mehrmals im Jahr stattfinden. Der Überschuss an Einnahmen ist wichtig für die AWO, da sie zur Versorgung eines großen Kreises von minderbemittelten Menschen beiträgt.

Es gibt ein buntes Programm im „Schützen", Akkordeon-Orchester, im zweiten Teil Roland Bisoli aus Kreuzlingen als Ansager, Zauberer, Musikclowns.

Südkurier 13.6.:
„Arbeiterwohlfahrt mit neuen großen Aufgaben"
Jahreshauptversammlung des Unterbezirks Bodensee in Radolfzell: Die Arbeit von Michael Herler wird gewürdigt. Angesprochen werden Projekte zur Kindererholung, der Austausch mit Frankreich, der Baubeginn des Altersheims in Singen.
Neuer 1. Vorsitzender wird Walter Rech.
Bezirksgeschäftsführer Gallinger, Freiburg: Die AWO ist eine soziale Organisation, kein Unterstützungsverein. Durch Gesetzesänderungen kommen neue Aufgaben in der offenen Fürsorge auf die AWO zu.

Südkurier 12.7.:
„'Wonderful' strahlen die Malteser im Zeltlager bei Horn"
„Jugend und Erwachsene bei der Arbeiterwohlfahrt zu Gast – Frohes Leben unter der rot-weißen Fahne"
Dies ist das erste internationale Zeltlager der AWO Südbaden in Horn. Es sind französische Gäste und Gäste aus Malta (rot-weiße Fahne) da, 16 Erwachsene und 18 Kinder aus Malta. Der Kontakt wurde durch die Bezirksvorsitzende Marta Schanzenbach mit der Labour Party von Malta hergestellt.

Südkurier 12.12.:
„Die Frau Stadträtin stand hinter der Theke"
„Gelungene Weihnachtsfeier der Arbeiterwohlfahrt im Johannes-Zwick-Haus"
Zum ersten Mal findet die Weihnachtsfeier im Gemeindesaal der evangelischen Pauluspfarrei (Ecke Luisen-Friedrich-Hug-Straße) statt. Es kommen 150 Kinder am Nachmittag, es gibt eine Kinderaufführung mit Martha Grumbt. Für den Abend werden von den Mitgliedern Kartoffelsalat und Würstchen organisiert. 200 Mitglieder und 20 Gäste aus dem Altersheim Luisenstraße sind anwesend. Klara Leonhardt schenkt hinter der Theke Wein aus, Regie hat Emmi Häuser.
Es konnten 350 Päckchen verteilt werden, für die in den Konstanzer Geschäften gesammelt wurde.

Dienstag, den 12. Dezember 1961

Die Frau Stadträtin stand hinter der Theke
Gelungene Weihnachtsfeier der Arbeiterwohlfahrt im Johannes-Zwick-Haus

z-y. Das Weihnachtsfest der Arbeiterwohlfahrt verlief, wie jedes Jahr vorher, stimmungsvoll, harmonisch, und alles klappte wie am Schnürchen. So sind es die Mitglieder dieser sozialen Organisation gewöhnt, und auch diesmal kamen sie in ihren Erwartungen voll auf ihre Kosten. Etwas aber war in diesem Jahr anders und schöner als sonst: der Raum, in dem das Fest am zweiten Adventssonntag stattfand. Während in früheren Jahren der Saal einer Gaststätte gemietet werden mußte, stellte jetzt Pfarrer Koch von der evangelischen Pauluspfarrei den schönen, neuen Saal des Johann-Zwick-Hauses in dankenswerter Weise zur Verfügung. Für die Gäste — 150 Kinder am Nachmittag und 200 Mitglieder am Abend, darunter 20 alte und einsame Menschen aus dem Altersheim in der Luisenstraße — war dieser Raumwechsel nur ein Gewinn. Die hübsche Kinderaufführung kam richtig zur Geltung, und man fand bequem und ungezwungen Platz an den festlich geschmückten Tischen.

Für die freiwilligen Helferinnen und Helfer der Arbeiterwohlfahrt allerdings brachte der Raumwechsel viel zusätzliche Arbeit und darum soll heute einmal ein kleiner Einblick in die ehrenamtliche Tätigkeit dieser Helfer gegeben werden. Es war allein ihr Verdienst, wenn die 200 Abendgäste in

Neue Bestimmungen
Im Paketversand nach der Ostzone

Ostzonenregierung schreibt Entseuchungen von gebrauchten Textilien und Schuhen vor

z-q. Nach einem neuen Erlaß der Ostzonenregierung dürfen getragene Kleidungs- und Wäschestücke und Schuhe nur dann als Liebesgaben in die Ostzone gesandt werden, wenn sie nachweislich desinfiziert sind. Notwendig ist dafür eine Bescheinigung des Gesundheitsamtes, die über Art und Mittel der Desinfektion Aufschluß geben muß. Die praktische Durchführung sieht so aus: Alle für den Versand bereitgelegten Stücke werden in einem Inhaltsverzeichnis erfaßt, sowohl Absender wie Empfänger enthält. Notwendig ist der Zusatz „Geschenksendung, keine Handelsware". Die Gegenstände mit diesem Inhaltsverzeichnis werden einem der nachstehend verzeichneten vom Gesundheitsamt bestellten Desinfektoren vorgelegt. Auf dem Verzeichnis vermerkt der Desinfektor die vorgenommene Behandlung. Danach muß das Ver-

Wohl kaum einer der Gäste hatte eine Ahnung, unter welchem Umtrieb und mit welchen Behelfsmitteln diesmal allein das Abendessen zustande kam. Wieder andere Helferinnen servierten, mit flottem Schürzchen angetan und einem freundlichen „Wohl bekomm's". Hinter dem Ausschank amtierte Stadträtin Frau K. Leonhardt mit sichtlichem Spaß und schenkte roten und weißen Wein ein. Bei den früheren Festen hatte sie ihren Platz unter den Ehrengästen gehabt. Jeder also hatte seine Aufgabe. Unter der Regie der Geschäftsstellenleiterin Frau Emmi Häuser war an alles gedacht worden. Wo wirklich etwas fehlte, sorgte sie für Abhilfe.

Nur dem ist es möglich, das Maß der Arbeit richtig zu würdigen, der einen Blick in die vorbereitenden Arbeiten werfen konnte. Für 350 Päckchen wurden Wochen vorher Spenden in der Konstanzer Geschäftswelt gesammelt. Es wurde gut und reichlich gegeben und in wochenlanger, mühseliger Kleinarbeit hatte Frau Martha Grumbt die Einstudierung einer Kinderaufführung auf sich genommen, mit allem, was drum und dran hängt. Sogar ihren Mann spannte sie ein, der in seinen Freistunden Kulissen bastelte. Die Einübung eines Schneeflockentanzes mit einem kleinen Mädchen, ließ sie abends mit zerschlagenen Gliedern ins Bett sinken und durch den Schlaf geisterte die Sorge: ob die Kinder wohl alles kapiert hatten? Sie hatten es, — der Beifall der Gäste wurde ihnen gern und herzlich gespendet.

Nicht leicht hatte es auch der festangestellte Nikolaus der Arbeiterwohlfahrt (Otto Hagen), der sich für diesen zweiten Adventssonntag ein bißchen viel vorgenommen hatte. 350 Menschen zu bescheren ist keine Kleinigkeit, und da der 1. Vorsitzende, Stadtrat Grimm, nicht anwesend sein konnte, blieb es ihm überlassen, sich bei all denen zu bedanken, die sich in irgendeiner Weise der guten Sache dienstbar gemacht hatten. Zum Schluß erhielt aber jedes Kind und jeder Erwachsene sein Päckchen, auch wenn der Nikolaus noch so sehr mit seiner Rute herumfuchtelte.

Daß die Feier schön war und daß vielen minderbemittelten und alten Leuten und Kindern Freude bereitet werden konnte, das ist zum größten Teil das Verdienst dieser wenigen Menschen, die weder Zeit noch Mühe gescheut hatten, um dem Nächsten Freude zu machen. -ki.

Bericht im Südkurier über die Weihnachtsfeier 1961

1962

Südkurier 8.3.:
„Arbeiterwohlfahrt hat viele Pläne".
Das Fahrtenprogramm für den Sommer wird vorgestellt. Angesprochen werden Erholung für Jugendliche und Mütter, Nähstube und Landessammlung.

Südkurier 17.4.:
„Soziale Leistungen für junge und alte Menschen"
„Rückblick und Vorschau auf die Tätigkeit der Konstanzer Arbeiterwohlfahrt"
Jahreshauptversammlung im „Bauhof": Die AWO ist nicht nur für die leibliche Fürsorge engagiert, sondern auch für geistige und seelische Betreuung, gegen Vereinsamung im Alter.
Die AWO hat 600 bis 700 Mitglieder und sucht einsatzfreudige Frauen und Männer für ihr Programm. Neues Ziel ist der Ausbau der Nachbarschaftshilfe.

Südkurier 22.8.:
„In Horn führt eine „Salbeitante" fröhliches Regiment"
„Arbeiterwohlfahrt Südbaden unterhält wieder großes Lager – Studienbesuch aus Chicago"
Dieses Jahr findet das 13. Zeltlager in Horn statt. Salbeitante ist die Lagerleiterin Fräulein Fackler.
Die Bezirksvorsitzende Marta Schanzenbach ist jedes Jahr da, dieses Mal mit einer Studiengruppe um Prof. Dr. Susanne Schulze von der School of Social Service Administration der Universität Chicago, die Sozialeinrichtungen in Deutschland studieren will. Dieses Jahr sind im ersten Zeitabschnitt auch 40 Jugendliche aus Berlin dabei, im zweiten Zeitabschnitt auch französische Kinder.
Es gibt 24 Schlafzelte, ein festes Haus, 227 Gäste, Helfer aus den Ortsvereinen, einen festen Tagesrhythmus, der mit einem Salbeitee beginnt.

Südkurier 27.10.:
Unterbezirkskonferenz der AWO in Radolfzell:
24 Kinder aus dem Unterbezirk konnten drei Wochen in das Zeltlager Horn, 35 Kinder drei Wochen in die Ferienkolonie Donautal. Ein neuer Ortsverein wird in Engen gebildet.

Südkurier 7.11.:
Klara Leonhardt und Julius Grimm werden wieder in den Stadtrat gewählt, Martha Heißler in den Bürgerausschuss.

Südkurier 12.12.:
„Im Zauber der Vorweihnachtszeit"
„Zu 220 alten Leuten und 165 Kindern kam der Nikolaus der Arbeiterwohlfahrt"
Im Konrad-Zwick-Haus sind auch 20 Gäste aus dem Altersheim dabei. Die Organisation hat Emmi Häuser, Klara Leonhardt schenkt Wein aus, es spielt die Kapelle Schmidt. Es gab Spenden der Konstanzer Geschäftswelt.
Am Nachmittag fand die Nikolaus-Feier für die Kinder statt.

1963

Südkurier 6.2.:
„Pläne der Arbeiterwohlfahrt"
Angekündigt werden Jahreshauptversammlung, Frühlingsfest, Fahrtenprogramm, Nähstube und die Landessammlung vom 4. bis 10. März.

Südkurier 9.4.:
„Viel praktischer Idealismus bei der Arbeiterwohlfahrt.
Jahreshauptversammlung sprach von Nähkursen, Bescherungen und Heimverschickungen"
Es sind Reisen nach Koblenz und Südtirol geplant. Es werden mehr Helfer für die Straßensammlung gesucht. Die Hauspflegestation soll ausgebaut werden.
Die AWO leistet viel Sozialarbeit für minderbemittelte Schichten mit Idealismus und Selbstaufgabe.

Der Vorstand wird wiedergewählt.

Südkurier 22.8.:
„Von der Firststange qualmt die gute alte Petroleumlampe"
„Strohsack verdrängte die Matratzen – 230 deutsche und französische Kinder erleben ‚Ferien vom Ich' "
Es wird über das Zeltlager der AWO Südbaden in Horn berichtet. 230 13-16jährige Jugendliche sind anwesend, darunter auch eine französische Gruppe aus dem Großraum Paris. Vorhanden sind sieben Großzelte und PH-Studenten als Helfer. Geboten werden gutes Essen, Spiele, Beschäftigung, Ausflüge, ärztliche Betreuung.

1964

Südkurier 12.5.:
„Frohe Stimmung bei der Arbeiterwohlfahrt"
„Frühlingsfest mit dem Akkordeon-Orchester – Ausflugsfahrt mit alten Leuten"
Im Schützensaal treten auf ein Akkordeon-Orchester und die Laienspielschar der Naturfreunde Wollmatingen mit dem Lustspiel „Der kluge Heini".
Es wird ein Freifahrt-Ausflug für die über 70jährigen am Muttertag in das Appenzellerland angeboten.

Südkurier 16.12.:
„Keiner soll im Alter einsam sein"
„Arbeiterwohlfahrt lud alte und einsame Leute und 120 Kinder ein".
Die Weihnachtsfeier findet wieder im Johannes-Zwick-Haus statt für 200 alte und einsame Menschen. Es werden Musikstücke geboten.
Der AWO-Vorsitzende Grimm erklärt: Die AWO ist engagiert bei Mütterverschickung, Kindererholung, Altenfürsorge und seelischer Betreuung der alten Menschen, auch wenn sie nicht Mitglied der AWO sind.

Erfreuliche Erfolgsberichte der Arbeiterwohlfahrt

Soziale Arbeit für Kinder, Kranke und Alte — J. Grimm und alle Vorstandsmitglieder wiedergewählt — Otto Hagen 2. Vorsitzender

z-q. Helfende Kräfte wirken meist in der Stille und es gehören besondere Gelegenheiten dazu, um die Öffentlichkeit darauf hinzuweisen. So war auch die Hauptversammlung der Arbeiterwohlfahrt mit den Berichten aus ihren Wirkungsbereichen aufklärend auch für Außenstehende. Der größte Teil der langjährigen Mitglieder sind ältere Menschen, die in dieser sozialen Einrichtung ihre „seelische Heimat" sehen. Für sie werden deshalb alljährlich vom März bis zum Herbst Ausflugsfahrten und Gemeinschaftsreisen organisiert, die so stark in Anspruch genommen werden, daß man von einem öffentlichen Bedürfnis sprechen kann.

Das Ausflugsprogramm der AWo nannte Vorsitzender Stadtrat Grimm in der Jahreshauptversammlung zwar die sekundäre Aufgabe des Vereins, ihre Bedeutung sei jedoch groß. Mancher einsame oder alte Mensch könne so die Heimat wie die Fernekennenlernen, sie in Gesellschaft von Bekannten genießen und das Gefühl des Alleinseins damit überwinden. Die soziale Leistung der AWo liegt nur in der Reisevermittlung und Betreuung, für die Kosten muß jeder selbst aufkommen.
Das umfangreiche Fahrtenprogramm des Vorjahres legte Frau Emmy Häußer, die rührige Leiterin der AWo-Geschäftsstelle in der Steinachstraße 1, dar. Es umfaßte u. a. Fahrten nach Vorarlberg, nach Zürich (Zoobesuch), und eine große Fünf-Tage-Reise nach Wien. Höhepunkt war die „Muttertagsfahrt" für die über 70jährigen ins Appenzellerland. Als Geschenk bietet sie der Verein und finanziert sie mit den Erträgen aus Tombola und Spenden vom Frühlingsfest.

Immer wieder praktisch geholfen
Um bedürftigen und unverschuldet in Not geratenen Menschen zu helfen, werden von der AWo Krankenhausbesuche gemacht, für junge Mütter wurde Babywäsche hergebracht, Kleidungsstücke fanden den Weg dorthin, wo Not daran war. Der Bedarf an Kräften und Mitteln ist trotz des „Wohlstandes" noch groß. Das zeigte auch die weihnachtliche Bescherung und Bewirtung von 120 Kindern und 200 Rentnern, darunter 20 Bewohner des Feierabendheimes. Für die Mithilfe der Geschäftswelt durch Spenden dankte Frau Häußer sehr.
Der primären Aufgabe des Helfens widmete sich auch im vergangenen Jahr die Sozialbetreuerin, Frau Hugel. Verschickung von Erholungsbedürftigen, ob Kinder, Mütter oder Erwachsene oder Betagte, steht dabei obenan. Die AWo hilft auch finanziell und praktisch aus den Beiträgen der Mitglieder und den Einnahmen der jährlichen Sammlung. Auch der Vorsitzende Grimm betonte dazu, daß ohne Ansehen der Person geholfen werde.
Wichtig für berufstätige Mütter sind zweifellos die Ferienkolonien, in denen die Kinder gut betreut werden. Die Zahl der ehrenamtlich Tätigen erhöht sich gerade auf diesem Gebiet der Vereinsarbeit beträchtlich. Auch für 1965 ist eine Ferienkolonie für 10- bis 14jährige (in Hornberg) geplant. Die Nähstube hat ihre Tätigkeit weiterhin aufrechterhalten, unter ihrer Leiterin Frau Martha Heißler wird sie fortgeführt.
Welches Maß von selbstloser und stiller Kraft von einzelnen Mitgliedern aufgebracht wurde, ging aus dem Kassenbericht von H. Huber hervor: Freiwillige leisteten beim Sammeln Bewundernswertes. Gleiches gilt auch für den 1. Kassier Huber selbst, der von Frau Stadträtin Leonhardt als Revisorin mit besonderem Lob bedacht wurde. Das Wort „sparsame Verwaltung" hört wohl nicht jede Versammlung von den Mitgliedern wie hier bei der Arbeiterwohlfahrt!
Mit Freude dankte deshalb Stadtrat Grimm allen Helfern. Von Mitglied Hans Wildt kam der — berechtigte — Einwand, daß die hervorragende Arbeit in der AWo infolge zu großer Zurückhaltung nicht bekannt genug sei. Diesen Eindruck hatte man auch bei den Ausführungen von Walter Rech, Singen, dem Vorsitzenden des Unterbezirks. Aus dem gegenwärtigen Schwerpunkt-Programm nannte er das mit fünf Millionen DM veranschlagte Altersheim der AWo in Lahr, eine außerordentliche Leistung für einen Verein der freien Wohlfahrtspflege. Obwohl noch aus Stadt und Land Mittel zufließen, liegen Planung und Verantwortung nicht bei der AWo. Bescheiden sind die Beiträge, die bei monatlich 1 DM noch für manchen erschwinglich wären, und dem Verein stärken würden. Der Werbung auch jüngerer Mitglieder wird künftig mehr Aufmerksamkeit geschenkt. Daß die Stadtverwaltung in allen sozialen Fragen Entgegenkommen zeigte, wurde mit Freude und Dank vermerkt.
Dem seit 10 Jahren amtierenden Vorsitzenden Julius Grimm war erst nach langem Zureden der Versicherung akiven Beistandes das „Ja" zur einstimmigen Wiederwahl abgerungen. Ihm steht nun als 2. Vorsitzender Stadtrat Otto Hagen zur Seite, alle anderen Vorstandsmitglieder bleiben — meistens dem 1. Vorsitzenden zuliebe — auf ihren Posten.

Unfallbilder - ernste Mahnung!

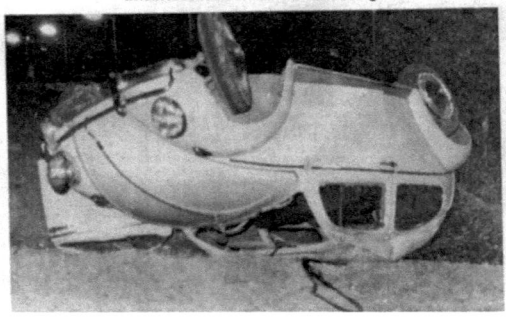

Bericht über die Jahreshauptversammlung 1965 im Südkurier

1965

Südkurier 5.4.:

Emmy Häußer, Geschäftsstellenleiterin, legt das Ausflugsprogramm vor, eher eine sekundäre Aufgabe des Vereins, aber von großer Bedeutung für einsame und alte Menschen. Für die über 70jährigen gibt es eine kostenlose Muttertagsfahrt, die aus den Erträgen aus Tombola und Spenden vom Frühlingsfest finanziert wird. Weitere Aktivitäten sind: Krankenhausbesuche, Unterstützung für junge Mütter, Kleiderspenden, Weihnachtsbescherung und Bewirtung für 120 Kinder und 200 Rentner, darunter 20 Bewohner des Feierabendheims.

Die Sozialbetreuerin Frau Hugel erläutert die Verschickung von Erholungsbedürftigen aller Altersgruppen, Ferienkolonien für berufstätige Mütter und für Jugendliche. Das Angebot der Nähstube soll mit Martha Heissler fortgesetzt werden. Hans Wildt kritisiert, dass die hervorragende Arbeit in der AWO infolge zu großer Zurückhaltung nicht bekannt genug sei. Es soll Werbung für jüngere Mitglieder gemacht werden. Der Monatsbeitrag bei der AWO beträgt 1 DM.

Julius Grimm wird als Vorstand wiedergewählt. Neuer 2. Vorsitzender wird Stadtrat Otto Hagen (SPD).

Südkurier 29.5.:
„Arbeiterwohlfahrt will Müttererholung fördern".
Bei der Delegiertenversammlung des Unterbezirks Bodensee in Radolfzell sind 13 Ortsvereine mit 1900 Mitgliedern vertreten.

Bisherige Schwerpunkte sind: alten Leuten helfen und für Jugendliche Ferien- und Erholungsmöglichkeiten schaffen.

Es besteht ein Defizit bei der Betreuung von Kranken und bei kinderreichen Müttern, weil es an Hauspflegerinnen fehlt.

Martha Heißler aus Konstanz wird zur 1. Vorsitzenden gewählt, Heinrich Wick aus Konstanz zum 2. Vorsitzenden.

Südkurier 18.8.:
„Munteres Leben im Ferienlager der Arbeiterwohlfahrt"
„Ausbau in Hornstaad hat sich gelohnt – Auftakt mit deutsch-französischem Jugendlager"

Es sind 263 Kinder aus Südbaden und Gruppen aus Frankreich und Schleswig-Holstein anwesend. Die Ortsvereine der AWO wählen die Kinder aus. Es arbeiten 27 Helferinnen, auch aus USA, Belgien und Frankreich mit. Das Wirtschaftsgebäude wurde ausgebaut. Leiter des Zeltlagers ist seit 1957 Gerhard Böser, Hauptmann in der Führungsakademie der Bundeswehr und Schwiegersohn von Marta Schanzenbach.

Südkurier 14.10.:
„Kein Interesse für fahrbaren Mittagstisch?"
Es haben sich nur vier Personen für das Angebot der Wohlfahrtsverbände in Konstanz gemeldet.

Südkurier 15.12.:
„Die Gemeinschaft erleichtert Alter und Einsamkeit".
Die Adventsfeier findet im Johannes-Zwick-Haus für 130 Kinder und 220 alte Leute statt.
Kinder gestalten das Programm mit Musik und Kasperle-Spiel.

1966

Südkurier 31.1.:
„Ein Leben für die Partei und die Stadt"
Julius Grimm wird 70 Jahre alt. Er war schon 1930 bis 1933 im Bürgerausschuss, war Betriebsratsvorsitzender und örtlicher Vorsitzende des Gemeinde- und Staatsarbeiterverbandes. Nach dem Krieg

Bericht über die Aktivitäten von Julius Grimm im Südkurier vom 31.1.1966

saß er im beschließenden Ausschuss von 1945, dann Stadtrat, inzwischen dienstältester Stadtrat, und von 1951 bis 1965 im Kreistag. Anfang der 50er Jahre war er Vorsitzender des SPD-Ortsvereins, mehrere Jahre Vorsitzender des Konstanzer Ortskartells der Gewerkschaften, ab 1951 hauptamtlicher Mitarbeiter beim Kreisverband der Gewerkschaft ÖTV bis zu Pensionierung 1961.

Südkurier 19.4.:
„Hilfe für Arme, Schwache und Einsame an Leib und Gemüt"
„Arbeiterwohlfahrt führte umfangreiche soziale und betreuende Arbeit durch – Hilfe bedingt nicht Mitgliedschaft"
Jahreshauptversammlung im „Bauhof": Der Verein bräuchte eine Verjüngung. 13 Kinder wurden in das Kinderheim der AWO in Schönwald im Schwarzwald vermittelt, neun Mütter in das Müttergenesungsheim Spalten im Wiesental. Die Geschäftsstelle organisiert Kleiderspenden an Bedürftige und Wöchnerinnen und Besuche bei Kranken. Die Nähstube wird von zehn bis 15 Frauen genutzt.

Südkurier 1.7.:
„Zwanzig Personenwagen werden verlost"
„Sachwertlotterie der Arbeiterwohlfahrt in Konstanz"
Im Juli und August findet auf dem Hertie-Platz (Augustinerplatz) eine Tombola des Bezirksverbandes Südbaden statt, bei der 20 Personenwagen gewonnen werden können, ferner Geräte und Markenartikel. Es handelt sich um 20 Einzellotterien für je 1 einen Personenwagen bei 12.000 Losen für je 1 DM. Der Gewinn wird für soziale Zwecke verwendet.

Südkurier 2.8.:
„Bis Ende August sind noch 14 Autos zu gewinnen"
„Sechs glückliche Gewinner fahren jetzt im eigenen Auto"
Die Gewinner eines Autos werden vorgestellt.

Südkurier 15.11.:
Die Stadträte Julius Grimm und Klara Leonhardt werden für 20jährige Mitgliedschaft im Gemeinderat geehrte. Grimm war bereits

am 12. Mai 1945 von den Franzosen eingesetzt worden, zusammen mit Klara Leonhardt wurde er im September 1946 in den Gemeinderat gewählt.

Südkurier 7.12.:
„Viel Freude bei der Arbeiterwohlfahrt"
„Adventsfeier im Johannes-Zwick-Haus – Ehrung für Julius Grimm"
Der Vorsitzende Grimm wird geehrt, er muss aus gesundheitlichen Gründen sein Amt bei der AWO aufgeben.
120 Kinder nehmen an der Nikolausfeier und 200 Rentner an der Weihnachtsfeier teil.

1967

Südkurier 10.4.:
„Im helfenden Miteinander kein Vergessen"
„Neuer Gesamtvorstand bei der Arbeiterwohlfahrt einstimmig gewählt"
„Die erzwungene Ruhezeit von 1933 bis 1945 hat der Arbeiterwohlfahrt (AWO) nicht schaden können: der Gedanke des ‚Hilfe-Reichens' hat sie kräftig wiederaufleben lassen und ihr begonnenes Werk fortsetzen lassen. Es mag sein, dass mancher nicht viel von dieser Organisation weiß, die ursprünglich zur Linderung materieller Not in Anlehnung an die Sozialdemokratische Partei gegründet worden ist, heute aber Männer und Frauen in ihren Reihen hat, die ohne konfessionelle Bindung den sozialen Gedanken in den Vordergrund stellen."

Es folgt ein Bericht über die gut besuchte Jahreshauptversammlung im „Grünenberg" unter Leitung von Klara Leonhardt. Erläutert werden die Aktivitäten des Vorjahres (Beratungen, Krankenbesuche, Gratulationen, Ausflüge, Unterhaltungsveranstaltungen, Adventsfeier, Kinderfreiplätze, Badekuren, Erholungsaufenthalte, Familienerholung, Altenfreizeiten).

Neuer Vorsitzender wird Hans Wildt (bis 1974). In den Adressbüchern erscheint er als Kaufmann, er ist aber auch Kreisvorsitzender der Gewerkschaft ÖTV. Klara Leonhardt bleibt 2. Vorsitzende. Vorübergehend hält der Ortsverein seine Sprechstunden im Gewerkschaftshaus ab. Ab Juli 1967 hat er zwei Räume in der Schule Petershausen, im Erdgeschoss der Realschule, Seiteneingang (ehemaliger Kindergarten). Die alten Geschäftsräume (Pavillon auf dem Schulgelände) wurden abgebrochen. In der Schule nutzt der Verein ein Geschäftszimmer und eine Nähstube für Nähkurse. Die Nähstube ist gut frequentiert. In den Schulferien gibt es keine Heizung und keinen Strom.

Es bestehen Pläne für eine Hauspflegestation, einen Altenclub und für einen fahrbaren Mittagstisch. Hans Wildt dreht Filme über den Ortsverein und Fahrten.

Bei der jährlichen Landessammlung kann der Ortsverein 30% des hier gesammelten Betrags behalten, es sind 40 bis 50 Sammler erforderlich.

1968

AWO-Echo Nr. 15/3, 1968, vermeldet unter „Seehasen und Arbeiterwohlfahrt":
„Gemischtes aus Konstanz.
Vielfältig sind die Bemühungen, die in Konstanz zur weiteren Entwicklung des Ortsvereins unternommen werden. Angefangen hat die Aktivität des Ortsvereins in diesem Jahr schon zur Zeit der Landessammlung, als man mit einer Matinee am Sonntagmorgen hoffte, größere Erfolge zu erzielen. Leider sind die Erwartungen nicht ganz erfüllt worden, aber der Vorstand, der mit dem neuen Vorsitzenden Hans Wildt harmonisch zusammenarbeitet, ließ sich nicht entmutigen.
 In den neuen Geschäftsräumen, die im letzten Jahr in Betrieb genommen wurden, herrscht immer reges Leben. Die Nähstube ist gut frequentiert, die Zahl der Verschickungen in Altenerholung, Müttererholung und Ferienerholung unter der bewährten Leitung von Frau Hugel steigt weiter. Auch die Mitgliederzahl hat sich er-

höht; 42 Todesfällen und Austritten standen im Jahr 1967 60 Neuzugänge gegenüber, so dass sich der Mitgliederstand auf 558 erhöht hat.

Seit dem Frühjahr 1968 hat die Arbeiterwohlfahrt in Konstanz etwas ganz Neues eingeführt: eine Rentenberatungsstelle, mit einem Fachmann besetzt, gibt jeweils Mittwoch von 15.00 bis 18.00 Uhr Auskünfte über Rentenfragen.

Fahrten ins schöne Schweizerland waren schon immer groß geschrieben bei der AW Konstanz. So hat im Mai eine große Fahrt mit 120 alten Leuten stattgefunden, und im Sommer werden die traditionellen Omnibusfahrten des Ortsvereins ebenfalls durchgeführt. Die Vorbereitungen für die kommenden Werbewochen werden im Ortsverein Konstanz intensiv betrieben; die Mitgliederzahl von 600 steht als Ziel über den Bemühungen. Auch der Verkauf von Wohlfahrtsmarken soll energischer betrieben werden, um die finanzielle Basis des Ortsvereins weiter zu verbessern."

AWO-Echo Nr. 16/1, 1969, berichtet über einen Nachmittagsausflug der Sonderschule Konstanz mit 40 Schülern und den Lehrern Ilse Mühle und Erich Hohwieler nach Walzenhausen, mit Einkehr in einem Ferienhotel, in dem es für die Kinder Kakao und Zwetschgenkuchen gibt.

1969

Der Bezirksverband Bodensee (mit den badischen Gemeinden nördlich des Sees wie Überlingen, Stockach und Pfullendorf) hat 2118 Mitglieder.

Der Ortsverein hat im April 1969 = 596 Mitglieder, im Februar 1970 = 624 Mitglieder, Ende 1970 = 705 Mitglieder (Singen = 646 Mitglieder). Der Verein ist überaltert.

Hans Wildt berichtet, dass er den Ortsverein fast ohne Unterlagen übernommen hat.

AWO-Echo, Nr. 18/ 3, 1969:
Berichtet wird über die Jahreshauptversammlung mit 128 Mitgliedern unter der Leitung von Klara Leonhardt. Projekte waren Hauspflegestation, Altenclub, ein Wohnheim für Alleinstehend, besonders für berufstätige Frauen, die in vorgeschrittenem Alter und alleinstehend sind.

Das einzige noch lebende Mitglied aus der Gründungszeit der AWO von 1919, Gottfried Steinhauser, erhält die goldene Ehrennadel der AWO

Die Besucherzahl bei der Nikolausfeier 1968 betrug 120 Kinder, bei der Adventsfeier 1968 für Betagte 400 Personen, bei der Altenfahrt zum Muttertag 240 Personen.
Am Fahrtenprogramm haben insgesamt 1.900 Personen teilgenommen.
Die Zahl der Mitglieder ist vom 1.4.1967 bis 31.3.1969 von 526 auf 578 gestiegen.

Es liegt eine komplette Vorstandsliste vor:
1. Vorsitzender Hans Wildt
2. Vorsitzende Klara Leonhardt
Schriftführer Martha Grumbt
Kassierer August Mauthe
Beisitzer Emmi Häuser (Geschäftsstellenleiterin und Fahrtenorganisation)
Claire Hugel (Kur-, Erholungs- und Ferienaufenthalt)
Josefine Bleich (Fürsorge und Karteiüberwachung)
Maria Schreiner (Helferin Mitgliederbetreuung)
Julie Hellstern (Helferin Mitgliederbetreuung)
Revisoren Hans Miller, Liesel Beierlein

1970

In der Mitgliederversammlung werden Filmberichte über die Adventsfeier, die Muttertagsfahrt und die Fahrt zum Flexenpass gezeigt. Die Mitgliederzahl beträgt 624, darunter zahlreiche jüngere Leute.
Das Motto des Vereins ist: „Deine Hilfe bedeutet Leben".

MIT 128 MITGLIEDERN, meist über siebzigjährige, machte die Arbeiterwohlfahrt Konstanz ihre traditionellen Muttertagsfahrt nach Österreich. Ziel war in diesem Jahr ein Alpengasthof zwischen Pfänder und Gebhardsberg. Symbolisch für alle Mütter dieser Fahrt ehrte der 1. Vorsitzende Hans Wildt die älteste Teilnehmerin, eine 88jährige Uroma, mit einem Blumen- und Weingeschenk.

Muttertagsfahrt am 6. Mai 1970, Wetter: heiter, sonnig, großartige Alpensicht.

Die AWO übergibt ein von der Deutschen Funkhilfe gespendeten Fernsehgeräts an eine Frau mit Querschnittslähmung, die vom Sozialamt benannt wurde. Das Sozialamt übernimmt die Gebühren, es besteht eine gute Zusammenarbeit zwischen AWO und Sozialamt (AWO-Echo Nr. 21/3, 1970).

1971

Hans Wildt wird Vorsitzender im Unterbezirk Bodensee und ist im Bezirksvorstand Südbaden von 1971 bis 1976.

Der Ortsverein verzichtet auf die ihm zustehenden 30% Eigenmittel aus der Landessammlung und spendet 1.310 DM für das Familienerholungsheim Katharinenhöhe.

Ab 1971 erfolgt die Betreuung von türkischen und jugoslawischen Gastarbeitern.

Teil 2: Jahreschronik der AWO in Konstanz 87

DEM VORSTAND DER ARBEITERWOHLFAHRT in Konstanz gehören nach der Neuwahl an (von links): Schriftführerin Martha Grumbt, Revisor Hans Miller, Kassiererin Erika Berg, erster Vorsitzender Hans Wildt, Stellvertreter Wolfgang Fehrenbach, Beisitzer H. Jäckle, Geschäftsführerin Emmy Häuser, Sachbearbeiterin für Erholungsfürsorge Klara Hugel, stellvertretende Vorsitzende Klara Leonhard.   Bild: Kunemann

Vorstand des Ortsvereins im Jahr 1971 im Bericht des Südkurier vom 01.03.1971

Am Sonntag, den 27. Juni 1971 fuhren die Familie Grumbt und Herr Fehrenbach mit 11 Kindern des Ortsvereins zum Kinderfest nach Stetten. Fazit: Gute Stimmung, stürmische Winde und ein ausgerenkter Finger.

Der Ortsverein ist vertreten im Jugendwohlfahrtsausschuss, Liga der freien Wohlfahrtsverbände, Verein für Gefangenenfürsorge, auf der Liste der Jugendschöffen, bei Vormundschaften und Pflegschaften, im Komitee zur Verhütung von Drogenmissbrauch.

Der Wahlspruch des Vereins ist: „Für das Alter zu sorgen, und der Jugend zu helfen".

Es erfolgt eine Neubesinnung: die materielle Not ist in der Wohlstandsgesellschaft eher zweitrangig, wichtiger wird jetzt Hilfe für Alte und Junge, vor allem bei seelischer Not und Einsamkeit im Alter.

Ein anonymer Schreiber mit einer Postfachadresse in Konstanz stellt auf einer ganzen Seite von AWO-Echo (Nr. 25/4, 1971) die bisherige Arbeit der Ortsvereine infrage und möchte eine Diskussion über künftige Aufgaben und Aktivitäten herbeiführen.

1972

Es findet ein Kindernachmittag für 100 Kinder statt, darunter fünf türkische. Ein Altennachmittag für 220 Personen bietet viel Musikprogramm durch die eigenen Mitglieder.

Das Silberne Abzeichen des Ortsvereins für verdiente Mitglieder geht an Josefine Blaich, Marthe Grumbt, Emmy Häuser, Cläre Hugel und Klara Leonhardt. (AWO-Echo Nr. 28/3, 1972)

Wolfgang Fehrenbach wird 2. Vorsitzender. Im Juli 1972 hat der Ortsverein 646 Mitglieder.

Zwischen den Ortsvereinen Kehl und Konstanz wird eine Partnerschaft geschlossen.

ARBEITERWOHLFAHRT
Ortsverein Konstanz

Spielzeugausstellung

der mobilen Elternschule Bonn am Samstag, dem 11. November 1972, von 13 bis 17 Uhr im Jugendraum des Gewerkschaftshauses, Beyerlestraße.

Unkostenbeitrag DM 1,50.   **Kein Verkauf!**

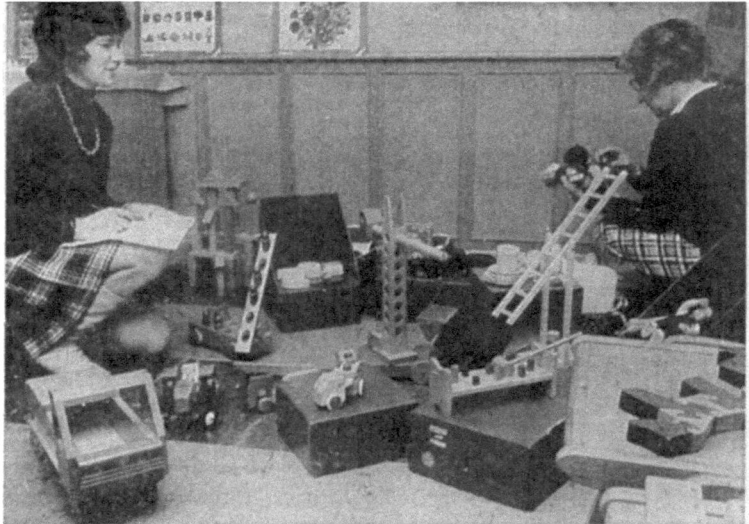

ÜBER GUTES SPIELZEUG informierte am Samstag die „Mobile Elternschule" des Bundesverbandes der Arbeiterwohlfahrt interessierte Eltern in Konstanz. Die Ausstellung wurde im Gewerkschaftshaus gezeigt. Sie stellte vorwiegend didaktisches Spielzeug vor, dem schon im Hinblick auf die Vorschulerziehung viel Bedeutung beigemessen wird. Holz dominiert nach wie vor als beliebtestes Material für Kinderspielzeug.   Bild: Fecker

Bericht über die „Mobile Elternschule" im Gewerkschaftshaus am 11. November 1972

1973

Es kommt zu einem Partnerschaftstreffen Konstanz – Kehl in Konstanz mit Arbeitssitzung und Fahrt zum Säntis. (AWO-Echo Nr. 32/4, 1973)

Hans Wildt wird Vorsitzender der Liga der Freien Wohlfahrtsverbände in Konstanz.

1974

Ab März 1974 nutzt der Altenclub die Räume Zähringerplatz 30 (Ecke Allmannsdorferstraße).

Aktivität des alten Menschen unterstützen
Altenclub der Arbeiterwohlfahrt als „offene Hilfe" eröffnet

koq. Der seit gestern den Mitgliedern der Arbeiterwohlfahrt im Haus Zähringerplatz 30 zur Verfügung stehende Club kommt den neuesten Erkenntnissen in der Altenhilfe entgegen: Den alten Menschen so lange wie möglich in seinem bisherigen Lebensbereich zu belassen, ihm dort alle mögliche Hilfe zur Verfügung zu stellen und erst dann die Übersiedlung in ein Pflegeheim einzuleiten, wenn der körperliche Zustand die Selbständigkeit nicht mehr gestattet.

In einer Zusammenkunft anläßlich der Eröffnung stellte Hans Wildt, Vorsitzender des Ortsvereins und des Kreisverbandes der Arbeiterwohlfahrt, den Dank an alle heraus, die sich als ehrenamtliche Mitarbeiter für die Verwirklichung des lange gehegten Planes einsetzten und nun die Tatsache „AWO in eigenen Räumen" mit Freude beobachten können. Da mit der Lebensform des alten Menschen noch experimentiert werde, stelle dieser Club sich für Kommunikation und kulturelle Veranstaltungen als Hilfe gegen die Vereinsamung des Menschen zur Verfügung.

Den Dank des Sozialamtes brachte mit einem Gruß von Bürgermeister Weilhard Oberamtmann Josef Kleiber zum Ausdruck. Namens des Bezirksvorstandes Südbaden ging Frau Emmy Fischer auf die „offene Altenhilfe" ein, die das Altersheim nicht als Idealform für den alten Menschen sieht. Der Vorschlag einer Partnerschaft mit dem Kehler Altenclub wurde als erstrebenswert bezeichnet. Daß die Arbeit der AWO, ausgeführt von freiwillig tätigen Helfern, dem Staat nützt, bekannte Geschäftsführender Vorsitzender des Bezirksverbandes Scheffner (Freiburg). Die Würde des Menschen beachten, seine Aktivität und Selbständigkeit unterstützen und ihn zur Brüderlichkeit führen — das seien mit dem Altenclub verbundene Ziele.

Begrüßt wurde diese neue Stätte auch von Oberamtmann Auer, der mit den Grüßen von Landrat Dr. Maus auf die Vordringlichkeit der Altenhilfe hinwies. Auch der Landkreis werde einen Altenplan aufstellen, um den Heimaufenthalt nicht an die erste Stelle treten zu lassen und offene Hilfen zu aktivieren. Mit dem wiederholt ausgesprochenen Hinweis auf „Bereicherung des sozialen Lebens der Stadt" wurden die Räume in Gegenwart von Stadträtin Leonhardt ihrer Bestimmung übergeben. do-

Bericht über die Eröffnung des Altenclubs im Haus Zähringerplatz 30 im Südkurier vom 1. März 1974

Nach der Kreisreform wird ein Kreisverband Konstanz gebildet, an Stelle des Unterbezirks Bodensee. 1. Vorsitzender ist Hans Wildt von 1974 bis 1977, die Adresse ist Zähringerplatz 30.

Die Mitgliederzahlen im Kreisverband belaufen sich auf 2336 (1971), 2022 (1972), 1902 (1973). Die Ortsvereine nördlich des Sees fallen weg. Im Ortsverein sind 706 Mitglieder, die Geschäftsstelle ist weiterhin in der Schule Petershausen.

Der Ortsverein sammelt vor Weihnachten über eine Anzeige überzähliges Spielzeug und findet eine große Resonanz. Die Spielsachen werden an die Kindergärten verteilt.

AWO-Echo, Nr. 34/4, 1974:
Generalversammlung des Ortsvereins:
Hans Wildt gibt einen Rückblick auf: Kindererholungsfürsorge, Müttergenesung, Altenhilfe, Reiseprogramm, Begegnungsstätte für alte Menschen.

Rund 10 000 Lebensjahre fuhren spazieren
Arbeiterwohlfahrt veranstaltete Muttertagsfahrt für betagte Mitglieder

koq. „Ins Blaue" sollte die Fahrt gehen, zu der die Arbeiterwohlfahrt ihre 70 Jahre und mehr zählenden Mitglieder eingeladen hatte. Diese Muttertagsfahrt ist ein Geschenk des Ortsvereins an die betagten Mitglieder, die sich in jedem Jahre auf diesen fröhlichen Nachmittag freuen, der ihnen die Heimat im schönsten Lichte zeigt.

120 Fahrtteilnehmer gab es, die in drei Bussen Platz fanden und sich wohlgemut einem noch unbekannten Ziele entgegenfahren ließen. Natürlich wurde schon ab Radolfzell gerätselt, wohin es wohl gehen möge. Über Steißlingen kam man nach Schloß Langenstein, besuchte die Aachquelle, durchfuhr dann Engen und landete schließlich in Möhringen.

Den Gruß des Ortsvereins sprach Stadträtin Klara Leonhardt aus, die eine besondere Ehrung für die älteste Fahrtteilnehmerin mit 88 Jahren bereithielt. Alle konnten beglückt werden mit einem Freilos, hinter dem 50 erstrebenswerte Gewinne standen. Große Freude bereiteten zehn Freifahrten, die im Laufe des Sommers die glücklichen Gewinner in die Ferne führen werden. Gute Bewirtung und frohe Unterhaltung durch Roland Hummelsberger am Akkordeon schufen eine behagliche Atmosphäre.

Als die Heimat wieder angestrebt und über Talmühle und Singen erreicht wurde, hatten findige Köpfe ausgerechnet, daß die Summe aller in den drei Bussen vertretenen Lebensjahre bei 10 000 lag — im Hinblick auf die Rüstigkeit und Fröhlichkeit der Gäste eine bemerkenswerte Zahl, die Emmy Häuser als verantwortlichen Reisemarschall mit Stolz erfüllte.

Bericht über die Muttertagsfahrt im Südkurier vom 9. Mai 1974

Wahlen:
1. Vorsitzender Wolfgang Fehrenbach (Gärtner) (bis 1979)
2. Vorsitzende Klara Leonhardt
Kassierer Erika Berg
Schriftführerin Marta Grumbt
Geschäftsstellenleiterin Emmi Häuser
Sozialbetreuerin Kläre Hügel
Beisitzer Paula Irle, Julia Hellstern, Alfred Hof, Fritz Häuser
Revisoren Hans Miller und Albert Dreier

ERWARTUNGSVOLLES GEDRÄNGE im Johannes-Zwick-Haus: Bei der Arbeiterwohlfahrt erschien der Nikolaus. Bild: U. Ruck

Bericht über die Adventsfeier am 1. Dezember 1974

1975

Hans Wildt berichtet in AWO-Echo, Nr. 35/2, 1975 über den Altenclub im Ortsverein Konstanz.

1976

AWO-Echo, Nr. 37/1, 1976:
Altenclub und Altenbegegnungsstätte gelten als Schwerpunkt der Ortsvereine im Kreis, sie lösen die Nachbarschaftshilfe ab. Es gibt Programme mit Sonderveranstaltungen und Beratungsmöglichkeiten.

Ab Juni nutzt die neue Ortsgruppe von Pro Familia die Räume des Altenclubs, die Leitung hat Dr. Albert Jung. Ab November 1977 sitzt diese Organisation in der Gütlestraße 8. Es besteht eine Arbeitsgemeinschaft AWO – Pro Familia.

Nach Überprüfung der Kartei sind es noch 519 Mitglieder.

1977

Der Kreisverband hat 1765 Mitglieder in neun Ortsvereinen, der Ortsverein hat 533 Mitglieder und 26 Ehrenamtliche.

ALT UND JUNG in Fasnetschwung! Spaß an der Freud hatten sie alle beim wohlgelungenen traditionellen Kaffeekränzchen, die die Arbeiterwohlfahrt auch dieses Jahr wieder ihren Mitgliedern im schön dekorierten Saal des Johannes-Zwick-Hauses bot. Die Stimmung erreichte ihren Höhepunkt, als Karle Maurer mit einigen seiner „Giraffen und Giraffinchen" Darbietungen in bunter Reihenfolge brachte und die Lachmuskeln der Anwesenden strapazierte.
Bild: Ulla Ruck

Bericht über das Kaffeekränzchen an Fasnet, 19. Februar 1977.

Für Herbst ist eine 30-Jahrfeier vorgesehen mit Ehrungen, sie findet aber nicht statt.

Bei 17 Altenfahrten machen 1300 Teilnehmer mit.

Es gibt jetzt eine Beratung für Türken in der Schule Petershausen.

1978

Es erscheinen zwei Mal pro Jahr gedruckte Rundbriefe an die Mitglieder.

Arbeiterwohlfahrt Bezirk Baden e.V.
Ortsverein Konstanz

Rundbrief an alle Mitglieder und
Mitarbeiter des Ortsvereins Konstanz

Werte Mitglieder der Arbeiterwohlfahrt

Briefkopf eines Rundbriefs des Ortsvereins im Jahr 1978

Die Beratung des Ortsvereins betrifft Erholung, Jugendarbeit, Beratungen, Altenhilfe. Der Ortsverein beteiligt sich an einer bundesweiten Aktion Familie, vorgesehen ist ein Vortrag mit der Politikerin Herta Däubler-Gmelin (SPD), ferner Familiennachmittag, Spielnachmittag, Kindernachmittag.

Das Durchschnittsalter der Mitglieder beträgt 68 Jahre, dem Verein fehlen die 30-50-jährigen.

Der Ortsverein Konstanz ist im Bezirk Baden der Verein mit den meisten Mitgliedern, die nur den Mindestbeitrag von 2 DM bezahlen (83 %).

Teil 2: Jahreschronik der AWO in Konstanz 95

Südkurier 26.9.:
Kinderfest der AWO im Waldhaus Jakob mit Ponyhof

ROSS UND REITER standen beim Kinderfest der Arbeiterwohlfahrt im Waldhaus Jakob am Sonntag im Vordergrund. Der Familiennachmittag, zu dem alle Kinder aus den Ferienaufenthalten der Arbeiterwohlfahrt eingeladen waren, wurde mit einer Reitervorführung eröffnet. Später durften auch weniger Geübte einen Ritt auf den Ponies probieren. Bild: Klamroth

Kinderfest im Ponyhof des Walhauses Jakob am 24. September 1978

GLÜCKWÜNSCHE ZUM 75. GEBURTSTAG überbrachte dem langjährigen Kreisvorsitzenden der Arbeiterwohlfahrt Hans Wildt (links) auch die Ehrenvorsitzende des Bezirks Baden, Martha Schanzenbach. Bild: Klett

Viele Ehren wurden dem langjährigen 1. Vorsitzenden des Ortsvereins Konstanz zuteil, als er am 27.10.78 seinen 75. Geburtstag in den Räumen des Altenklubs feierte.

„Habe nur meine Pflicht getan"
AWO-Kreisvorsitzender Hans Wildt feierte 75. Geburtstag

kol. Der langjährige Vorsitzende des Kreisverbandes Konstanz der Arbeiterwohlfahrt (AWO), Hans Wildt, feierte gestern im Kreis seiner Freunde und Mitarbeiter seinen 75. Geburtstag. Der Jubilar ist bereits seit 1963 Mitglied der AWO und hat in dieser Organisation, wie bei der Feier im Altenclub am Zähringerplatz mehrfach betont wurde, sozusagen eine „Blitzkarriere" gemacht. In all den Jahren seines intensiven Einsatzes für die Arbeiterwohlfahrt habe sich Hans Wildt als verdientes Mitglied um Orts- und Kreisverband Konstanz verdient gemacht, erklärte der zweite Kreisvorsitzende Josef Barth.

Seit 1. Januar 1974 war Hans Wildt Geschäftsführer und Kreisvorsitzender der AWO, das Amt des Geschäftsführers hat der jetzt 75jährige zu Beginn dieses Jahres abgegeben. Auch als Kreisvorsitzender will Hans Wildt, wie gestern bekannt wurde, nun bald zurücktreten. „Wir bedauern dies sehr", erklärte im Namen des Kreisverbandes Josef Barth, doch hoffe man auch weiterhin auf den Rat und die Unterstützung des erfahrenen langjährigen Vorsitzenden.

„Was Hans Wildt für die Arbeiterwohlfahrt in Stadt und Kreis getan hat, kann sich sehen lassen", erklärte im Namen von Stadtverwaltung und Gemeinderat der SPD-Fraktionsvorsitzende Jürgen Leipold. Vor allem die Beratungsstelle für ausländische Arbeitnehmer, der Einsatz zum Wohle der Kinder, ebenso wie der Senioren führte Leipold als Verdienste Hans Wildts an. „Viele werden ihn als Vorsitzenden vermissen", meinte der Bezirksgeschäftsführer von Baden, Dorner, denn es sei immer eine Freude gewesen, mit Hans Wildt zu arbeiten und auch zu streiten. „Es war kein leichtes, aber ein fruchtbares Arbeiten", so faßte, verbunden mit ihren Glückwünschen, die frühere Bezirksvorsitzende und SPD-Bundestagsabgeordnete und jetzige Ehrenvorsitzende des Bezirks Baden, Martha Schanzenbach, ihre langjährigen Erfahrungen in der Zusammenarbeit mit dem Vorsitzenden aus Konstanz zusammen. Hart habe er in der Sache seine Position vertreten, sei jedoch auch zu Kompromissen bereit und vor allem immer loyal gewesen.

Die Glückwünsche von Landrat Dr. Maus überbrachte Helmut Hellstern. Zu den Gratulanten zählten auch zahlreiche Ortsvorsitzende der AWO.

Er habe gelernt, ohne den Dank der Welt zu leben, erklärte zum Abschluß der kleinen Feier Hans Wildt, dieser Dank komme und gehe, doch das interessiere ihn nicht, denn „ich tue und tat einfach meine Pflicht." rk

Bericht über die Geburtstagsfeier von Hans Wildt im Südkurier vom 30.10.1978

Bei 18 Ausflügen nehmen 1.000 Personen teil.

Ende 1978 hat der Ortsverein noch 536 Mitglieder.

1979

Von 1979 bis 1980 ist Albert Dreier, Zollsekretär, 1. Vorsitzender, Klara Leonhardt bleibt 2. Vorsitzende.

Der Verein plant eine Öffnung nach außen und eine Erweiterung des sozialen Angebots. Am 1. Januar 1979 hat er 504 Mitglieder, im Februar sind es unter 500 Mitglieder.

Der Altenclub heißt jetzt Seniorenclub.

AWO-Echo, Nr. 46/ 2, 1979:
Die Zeitschrift bring einen ausführlichen Bericht über die Aktivitäten von Pro Familia Konstanz seit 1976 (1976 = 84 Beratungen, 1978 = 613 Beratungen, davon 326 Beratungen nach § 218b, Fallbeispiele, Beratungsformen).

Die Landessammlung ergab in Konstanz 6.200 DM. Die Stadt gibt dem Ortsverein einen Zuschuss von 3.600 DM.

Der Vorstand bildet vier Ausschüsse für Organisation, Haushalt und Kasse, Jugendarbeit, Öffentlichkeitsarbeit.

In einer außerordentlichen Mitgliederversammlung am 16. Juni stellt OB-Kandidat Erich Hohwieler (SPD) sein Programm vor. Es wird ein Mobiler Hilfsdienst mit zwei Zivildienstleistenden angekündigt.

Im Juni findet ein Kinderfest auf dem Ponyhof Waldhaus Jakob statt mit Ballonwettbewerb, Reiten, Modenschau.

Der Ortsverein gibt sich eine neue Satzung. Als Aufgaben werden formuliert:
- vorbeugende, helfende und heilende Tätigkeiten auf allen Gebieten der sozialen Arbeit, Anregungen und Hilfe zur Selbsthilfe
- Werbung und Schulung der Mitglieder und Mitarbeiter
- Mitwirkung an den Aufgaben der öffentlichen Sozial-, Jugend- und Gesundheitshilfe.

In das ehemalige französische Mess-Hotel Steinstraße kommen 150 Vietnam-Flüchtlinge. Die AWO will sich an der Hilfe beteiligen.

Der Ortsverein kauft Wohlfahrtsmarken (mit Zuschlag) im Wert von 652 DM, jedes Vorstandmitglied soll für 60 DM weiterverkaufen.

6. Oktober:
Es finde eine 60-Jahrfeier der AWO (gerechnet ab 1919) statt Dabei werden Mitglieder mit über 25 Jahren Mitgliedschaft und die besonders aktiven Mitglieder geehrt, darunter Klara Leonhardt. Die Bezirksvorsitzende Marta Schanzenbach referiert über Entstehung und Entwicklung der AWO.

Die Stadt kündigt zum Jahresende die Räume in der Petershauser Schule, der Hausverwalter des Gebäudes Zähringerplatz 30 die dortigen Räume. Der Ortsverein gerät in eine große Krise.

Nach dem Abzug der französischen Truppen bietet das Bundesvermögensamt dem Kreisverband Räume in der Steinstraße 4 an (Wohnblock für Familien des französischen Militärs mit Räumen der französischen Apotheke).

1980

Die Raumprobleme belasten den Ortsverein schwer. Soll er aufhören?
Klara Leonhardt zieht sich aus gesundheitlichen Gründen zurück.

Die Kreisgeschäftsstelle zieht im März nach Singen, der Ortsverein kann die Räume in der Steinstraße 4 übernehmen. Der Mobile Hilfsdienst und die Beratungsstelle für türkische Arbeitnehmer bleiben in Konstanz.

Im Mai tritt Albert Dreier zurück. Wolfgang Fehrenbach wird wieder 1. Vorsitzender, seine Stellvertreter sind Werner Kiefer und Karin Kliemke

Im September kann der Ortsverein den Gebäudekomplex Friedrichstraße 21 besichtigen, Teile des Hochparterres im Hauptgebäude erscheinen geeignet. Ende des Jahres zeigt sich der Ortsverein am Hauptgebäude Friedrichstraße interessiert, er hat Raumbedarf, auch für die Betreuung von Türken und Asylanten.

Briefkopf des Ortsvereins mit der Anschrift Steinstraße im Jahr 1980

Werner Neidig ist ab Oktober für den AWO Kreisverband Konstanz in Singen tätig.

Das Mitteilungsblatt des Ortsvereins heißt jetzt AWO-Aktuell. Bei einer Herbstfeier werden Klara Leonhardt und andere für 30 Jahre aktive Mitarbeit geehrt. Gleichzeitig werden zahlreiche Austritte registriert.

1981

Im Januar findet eine erneute Besichtigung des Gebäudes in der Friedrichstraße 21 statt. Der Ortsverein mietet ab 1. März das Hochparterre. Er kann untervermieten mit Zustimmung des Bundesvermögensamtes, muss aber selber sanieren. Ab August gilt ein Mietvertrag für das ganze Haus, für Dach und Außenfassade bleibt das Bundesvermögensamt zuständig. Der Gebirgs-Trachtenverein und ein Musikverein sind interessiert. Der Kreisverband übernimmt ab Juli einen Teil der Räume.

Das Sozialamt fragt nach einer Kindertagesstätte

Ein erster Raumplan wird erstellt: Kindergarten im Hochparterre West, Osten: Saal und Altenclub. Obergeschoss West: Kreisverband, MHD, Vereine, Büro Ortsverein, Ost: Kindergruppen, türkischer Verein.
  Es besteht das Projekt einer Altenbegegnungsstätte.

Das Landesjugendamt ist mit einer Kindertagesstätte einverstanden.

40 Senioren kommen zu einem geselligen Nachmittag beim „Mobilen-Sozialen Hilfsdienst" mit Zivis.

Erste Unter-Mietverträge werden abgeschlossen, dabei sind auch Musikgruppen in Dach und Keller. Im Herbst finden erste Veranstaltungen im Gebäude statt.

Es kommt zu Auseinandersetzungen zwischen Kreisverband und Ortsverein wegen der Jahresrechnung 1980.

Die AWO stellt den „Mobil-Sozialen Hilfsdienst" vor (AWO-Echo Nr. 55/3, 1981):
„Konstanz. Rund 40 Senioren waren einer Einladung gefolgt, die von den Zivildienstleistenden und der Einsatzleiterin des ‚Mobil-Sozialen Hilfsdienstes' in Konstanz ausging. Bei Kaffee und Kuchen hatten sie eine gute Gelegenheit, die Zivildienstleistenden, die bei Hausarbeiten, bei Kontakten zur Umwelt und bei Umgang mit Behörden helfen, einmal von einer anderen Seite kennenzulernen. Bei dem gemütlichen Nachmittag war auch eine persönliche Begegnung mit der Einsatzleiterin, Rosa Glocker, möglich, die die meisten der Betreuten nur per Telefon kannten. Zu Beginn des Treffens bat sie um Verständnis für Engpässe, die sich bei den Einsätzen ergeben können, da nicht genügend Zivildienstleistende zur Verfügung stehen. Auch das Problem, bei der prekären Wohnungslage in Konstanz immer Dienstwohnungen für die Zivildienstleistenden zu finden, kam bei dem Treffen zur Sprache. In Gesprächen hatten dann die Senioren ausgiebig Zeit, sich über die Arbeit und das Leben der Zivildienstleistenden zu informieren. Auf vielfachen Wunsch ist geplant, einmal im Monat einen Nachmittag mit Gesprächen, Kaffee und Kuchen im Rahmen des ‚Mobilen-Sozialen Hilfsdienstes' zu veranstalten."

1982

Der monatliche Mindestbeitrag steigt von 2 DM auf 3 DM.

Der Kreisverband organisiert auch für Konstanz einen Mobilen-Sozialen Hilfsdienst (MSH). Dazu schreibt das AWO-Echo, Nr. 57/1, 1982:
„Einkaufsdienste erleichtern Führung des Haushalts Konstanz. Um älteren und behinderten Menschen die Möglichkeit zu geben, solange wie möglich in der gewohnten Umgebung leben zu können, hat der Kreisverband Konstanz in Radolfzell, Singen und Konstanz den „Mobilen-Sozialen Hilfsdienst" im Angebot. Mit den Zivildienstleistenden, die in diesem Arbeitsfeld tätig sind, entlastet er die Menschen von Dingen, die aufgrund des Alters oder einer Behinderung besonders schwerfallen.

In der Regel handelt es sich um körperliche Belastungen, wie zum Beispiel das Tragen von Einkaufstaschen, lange Einkaufswege über belebte Straßen und das Treppensteigen. Im Rahmen dieser Aufgaben haben Einkaufsdienste, die von kleinen Besorgungen bis zu gro0en Bestellungen reichen, einen hohen Stellenwert bei den einzelnen Einsätzen.

Zum einen werden beim Einzelhandel, beim Bäcker oder Metzger die Lebensmittel eingekauft, die täglich im Haushalt für die Mahlzeiten benötigt werden. Zum anderen kann es sich um Besorgungen handeln, die nur ab und zu anfallen, wenn Medikamente aus der Apotheke, Waschmittel aus der Drogerie oder Briefmarken auf dem Postamt zu holen sind.

Die Zivildienstleistenden betätigen sich dabei nicht als Botengänger, sondern sie besprechen im allgemeine den Einkaufszettel mit den betreuten Personen. Dies ist nicht nur wichtig, um den Einkauf zu komplettieren und den Bedarf sinnvoll zu decken, sondern auch, um den Kontakt zu den Menschen aufrecht zu erhalten.

Sind die betreuten Personen nicht gehbehindert, so begleiten die Zivildienstleistenden sie bei ihren Einkäufen und übernehmen auf dem Heimweg das Tragen der Lasten. Bei den Einkäufen werden auch gern Hinweise gegeben, wo Sonderangebote zu haben sind; ältere Menschen sind auch dankbar, wenn sie Hilfe beim Vergleich kleingeschriebener Preise bekommen. Diese Begleitung bei Einkäufen macht auch möglich, Außenkontakte zu pflegen, die dem älteren Menschen erlauben, sich mit Sicherheit in der gewohnten Umgebung zu bewegen."

Georg Seeberger wird als Geschäftsführer des Ortsvereins vom 1.3.81 bis 30.6.84 tätig.

Südkurier 21.4.:
„Leben in alte Gemäuer eingezogen"
Die Jahreshauptversammlung findet am 17.4. erstmals in der Friedrichstraße statt. Es ist die Rede von „stürmischer Aufwärtsentwicklung" durch die neuen Räume, vor allem bei der Seniorenarbeit.

Bericht im Südkurier vom 21.4.1982 über Ehrungen von Vereinsjubilaren

Der Kreisverband drängt auf Kassenprüfung beim Ortsverein wegen des hohen Defizits (ca. 30.000 DM) und mangelnder Beitragsabrechnung. Wegen fehlender Unterlagen ist die Überprüfung nicht vollständig, es bestehen organisatorische Mängel bei Renovierungen. Der Ortsverein ist überfordert.

Im Mai übernimmt der Kreisverband mit Wirkung ab Juli das Haus Friedrichstraße, die Hausverwaltung liegt beim Kreisverband, der Ortsverein zieht als Mieter von Altenclub, Saal und Geschäftsstelle ein.

Der Ortsverein organisiert zwei Mal in der Woche Schach-Nachmittage in der Begegnungsstätte.

Südkurier 7.7.:
Es wird ein Türkischer Frauenverein mit 40 Mitgliedern gegründet, den Vorsitz hat Nunten Siner. Das Kursangebot umfasst Nähen, Foto, Sprache, Hausaufgaben. Der Verein nutzt Räume beim Kreisverband, Sozialdienst für Türken, im 1. Stock. Ein Ziel ist auch eine Begegnungsstätte für deutsche und türkische Frauen.

Bis April 1982 zahlt der Ortsverein Miete an das Bundesvermögensamt, ab Juli 1982 an den Kreisverband.
Im April betragen die Verbindlichkeiten des Ortsvereins 47.000 DM (Handwerkerrechnungen, Heizöl, Beitragsrückstände für Kreisverband), offene Forderungen liegen bei 25.000 DM, es besteht also ein Defizit von 22.000 DM.

Der Ortsverein schuldet dem Kreisverband für 1980 und 1981 je 8.700 DM an Beiträgen. Der Zuschuss der Stadt fällt viel geringer aus als erwartet, es entstehen Mehrkosten bei den Renovierungen. Der Kreisverband droht mit einer einstweiligen Verfügung, um vom Ortsverein die Herausgabe aller Unterlagen zu erzwingen.

Es wird ein Ausschuss für die Friedrichstraße gebildet: Johannes Kumm, Herr Siegert, Werner Neidig, Brigitte Leipold.

Der Kreisverband schaltet den Bezirksverband ein, dieser schickt im November zwei Revisoren zum Ortsverein für die Überprüfung der Jahre 1980 und 1981. Diese machen zahlreiche Auflagen und Vorschläge für die künftige Kassenführung.

Südkurier 18.12.:
„AWO sucht Zukunft für ihr Haus"
MdB Repnik sah und hörte sich in der Friedrichstraße 21 um"
Der Bundestagsabgeordnete des Wahlkreises Konstanz, Hans-Peter Repnik (CDU), informiert sich in der Friedrichstraße 21 bei Vertretern der AWO über die Situation im Gebäude und die mög-

lichen Perspektiven der AWO. Er will mit dem Finanzministerium abklären, inwieweit das Gebäude der AWO für eine langfristige Nutzung zur Verfügung gestellt werden kann.

1983

Der Ortsverein betreibt Seniorenclub, Schachgruppe, Gymnastik, Jugendgruppen. Die neuen Räume des Treffpunkts AWO können von Mitgliedern für eigene Feiern genutzt werden.

Der Kreisverband organisiert eine Holzwerkstatt für arbeitslose Jugendliche in der Friedrichstraße 21.

Anfang 1983 hat der Ortsverein 460 Mitglieder, nach Überprüfung im Juni 380 Mitglieder.

Südkurier 26.4.:
„Haus der AWO sorgt für viel Arbeit"
Die Jahreshauptversammlung findet am 23. April statt. Wolfgang Fehrenbach wird als 1. Vorsitzender wiedergewählt, Stellvertreter werden Roland Schöner und Frau Kliemke.
  Die Kosten des Gebäudes Friedrichstraße sind zu hoch für den Ortsverein.

Im Zusammenhang mit der Jahreshauptversammlung ruft der Ortsverein jüngere Mitglieder zu ehrenamtlicher Tätigkeit auf. Gemeint sind die Jahrgänge ab 1920, also 63 Jahre und jünger.

Südkurier 31.5.:
Die Zeitung kündigt die Kindertagesstätte in der Friedrichstraße an. Die Renovierungskosten lagen bei 150.000 DM, davon 78.000 DM als Zuschüsse. Die Kindertagesstätte ist gedacht für 20 Kinder ab 3. Lebensjahr von 7h bis 16.30h, die Leitung hat Theresia Wunderle. Die Kosten belaufen sich auf 210 DM für das erste Kind, 180 DM für das zweite Kind.
  Außenanlagen sind erst nach Renovierung der schadhaften Fassade möglich.

Südkurier 2.9.:
„Viel Platz zum Spielen wird geboten"
Die Kita wird eröffnet, geplant ist ein Kinderspielplatz. Am 10. September findet ein Tag der offenen Tür für alle Einrichtungen statt.

Südkurier 15.9.:
„Einblick in Schaffen und Wirken"
„Tag der offenen Tür bei der Arbeiterwohlfahrt"
„Mit einem Tag der offenen Tür gab die Arbeiterwohlfahrt (AWO) Einblick in ihr Schaffen und Wirken. Das von der Bundesvermögensstelle übernommene Gebäude in der Friedrichstraße 21 wurde völlig renoviert, Hauptmieter ist der Kreisverband der AWO, der bisher über 350.000 DM investierte. Werner Neidig, Geschäftsführer des Kreisverbandes, führte interessierte Besucher, zu denen neben Stadträten Bürgermeister Fischer gehörte, durch die hellen, blitzsauberen Räume.

Einen großen Raum hat der Ortsverein der AWO gemietet, in einem weiteren ist ein mobiler Hilfsdienst, Kreisverband Konstanz, untergebracht, der sich der Betreuung alter und behinderter Menschen annimmt. Neben einer Beratungsstelle für Alkohol- und Drogenprobleme gibt es auch den Sprachendienst Konstanz, der von arbeitslosen Lehrern geleitet wird. Sie bieten in ihrem Programm nicht nur Sprachkurse in fast allen Sprachen an, sondern erledigen auch als öffentliche Schreibstube jede Art von Schriftverkehr. Neben fachbezogener Hausaufgabenbetreuung gibt es auch Intensivkurse zur Vorbereitung auf Prüfungen.

In den Räumen der türkischen Beratungsstelle und dem türkisch-jugoslawischen Center herrscht Hochbetrieb. Der türkische Frauenverein, der auch Näh- und Schreibmaschinenkurse anbietet, hatte leckere Nationalgerichte gekocht, die die Besucher gerne probierten. Weitere Mieter in dem Gebäude sind der Trachtenerhaltungsverein „Edelweiß" und die „Deutsche Lebensrettungsgesellschaft". Neu geschaffen wurde eine Kindertagesstätte, hell und zweckmäßig mit viel mobilem Spielzeug ausgestattet, die den Kindern viel Platz und Bewegungsfreiheit bietet. 20 Kinder können betreut werden, es stehen zwei Kindergärtnerinnen und eine Praktikantin zur Verfügung. Trotz allem bisher Geschaffenen, gibt

DAS GEBÄUDE DER ARBEITERWOHLFAHRT in der Friedrichstraße 21 wurde völlig renoviert und der Öffentlichkeit vorgestellt. Besonders viel beachtet wurde eine neue Kindertagesstätte und

Tag der offenen Tür in der Friedrichstraße 21 am 10.9.1983, Bürgermeister Fischer, Stadtrat Schöner und Stadträtin Jauss-Meyer finden sich als Gäste ein. Südkurierbericht vom 15.9.1983.

es noch eine Menge zu tun, die hohen Decken und die alten Fenster erfordern hohe Heizkosten. Spenden werden auch benötigt, zur Finanzierung wird auch ein Stich von Konstanz geschaffen von Gerold Tebbe, in einer limitierten Auflage von 300 Stück zum Verkauf angeboten.

Im Rahmen eines kleinen Festes, gestaltet von den „Hausbewohnern", wurde das renovierte Gebäude der Öffentlichkeit vorgestellt. Es soll aber nicht nur als Haus der Sozialleistungen angesehen werden, sondern auch als Haus der Begegnung, um Kontakte zu halten und um Gemeinschaft unter den Vereinen zu fördern. Noch offen steht die Gestaltung des Parks rund um das Gebäude, es ist geplant, den schönen alten Baumbestand in eine Neugestaltung zu integrieren und den Park der Öffentlichkeit zugänglich zu machen."

AWO-Echo Nr. 64/4, 1983:
„Trauer um Hans Wildt"
Singen. Im Alter von nicht ganz 80 Jahren starb Hans Wildt im „Michael-Herler-Heim" in Singen, in dem er so manche Sitzung

des Kreisverbandes geleitet hatte. Für viele seiner Freunde war es tröstlich, dass er die letzten, schweren Monate seines Lebens in der guten Pflege dieses AW-Heimes verbringen konnte, wo er für manchen Besuch und Anruf leicht erreichbar war. Seine Freunde und die Arbeiterwohlfahrt haben Abschied genommen von ihm, der nicht nur ein engagierter, politischer Mensch, sondern auch ein heiterer, liebenswerter Freund war.

Hans Wildt, gebürtige Weinheimer, wurde vor rund 60 Jahren in Konstanz sesshaft, wo er sich aus sozialem Gewissen als Vorsitzender eines Betriebsrates und dann als Kreisvorsitzender der Gewerkschaft ÖTV engagierte. In den 60er Jahren stieß er zur Arbeiterwohlfahrt, die ihn auch rasch vereinnahmte und 1967 zum Vorsitzenden des Ortsvereins Konstanz wählte. Dieses Mandat legte er 1974 in jüngere Hände, um Vorsitzender des Kreisverbandes Konstanz zu werden; von 1971 bis 1977 war er auch im Vorstand des Bezirksverbandes Südbaden aktiv.

Hans Wildt gehörte zu den Männern in der Arbeiterwohlfahrt, die durch oder gerade wegen ihrer Verantwortung, die sie auf drei Ebenen trugen, ihren Verband immer als Einheit ansahen. Zu Beginn der 70er Jahre, als die Kreisverbände gegründet wurden und als die Bildung des Bezirksverbandes Baden bevorstand, war dies von großer Bedeutung. Auch als ehrenamtlicher Geschäftsführer des Kreisverbandes Konstanz hat Wildt einen bleibenden Anteil daran, das die AW-Organisation im Bereich von Südbaden mit Zuversicht und Vertrauen in die Reformen der 70er Jahre ging."

Der Ortsverein hat Probleme mit der Saalvermietung. Der Saal ist in schlechtem Zustand, die Auslastung gering. Vereine und Gruppen wollen nicht selber Getränke organisieren und ausschenken und wollen nicht putzen.

1984

Zu der Holzwerkstatt des Kreisverbandes in der Friedrichstraße schreibt **AWO-Echo, Nr. 67/ 3, 1984**:
„Arbeitslose Jugendliche erhalten Fortbildung in Holzwerkstatt

Konstanz. In Zusammenarbeit mit dem Arbeitsamt hat der Kreisverband Konstanz eine Holzwerkstatt eingerichtet, die arbeitslosen Jugendlichen die Möglichkeit bietet, Grundfertigkeiten eines Berufszweiges zu erlernen. Sechs Jugendliche (im Alter von 18 bis 21 Jahren) haben im Februar einen Halbjahreskurs begonnen, bei dem sie insgesamt 848 Stunden eine praktische und theoretische Ausbildung erhalten. Unter Anleitung des Schreinergesellen Robert Schmid arbeiten sie im Acht-Stunden-Tag in der Werkstatt, die mit Hobelbänken, einer Kreissäge und dem notwendigen Werkzeug ausgestattet ist.

Da bei dem Kursus die Praxis im Vordergrund steht, was die Teilnehmer mehr motiviert als die Theorie, nehmen sie mit Ausdauer die Chance wahr, eine Eingliederung ins Berufsleben zu erreichen. Neben Sitzbänken, Schemeln und Tischen zimmern sie aus rohen Holzbrettern auch Bilderrahmen, Spielsachen und Spielkisten, die sie mit Sorgfalt leimen, fräsen und hobeln. Die in der Werkstatt entstehenden Gegenstände werden für den neben der Werkstatt liegenden Aufenthaltsraum und für den im gleichen Gebäude befindlichen Kindergarten benötigt.

Bei dem Halbjahreskurs, an dem die Jugendlichen sichtlich auch mit Vergnügen teilnehmen, erhalten sie nicht nur spezielle Kenntnisse in der Holzverarbeitung vermittelt. Ein Lehrer der Berufsschule unterrichtet sie wöchentlich auch zwei Stunden in Mathematik und erteilt auch Stunden in Gemeinschaftskunde (insbesondere mit aktuellen Themen). Um die Hinführung zur Berufswelt zu unterstützen und um Probleme und Konflikte zu beheben, sind vom Kreisverband Konstanz mit Angelika Schmid und Martina Fischbach auch zwei Sozialbetreuer eingesetzt.

Das Arbeitsamt Konstanz bezahlt den Kursus, nach dem die Teilnehmer ein Zeugnis erhalten, um die Chancen einer Vermittlung zu erhöhen, die Kosten für Lehrgang, Lehrkräfte und Raummiete. Für die arbeitslosen Jugendlichen, die je nach Familienstand und Unterbringung ein Entgelt von monatlich 275 bis 660 Mark bekommen, übernimmt es Arbeitskleidung, Lehrmittel und Fahrtkosten. Der Lehrgang steht Jugendlichen (bis 22 Jahre) offen, die mindestens vier Monate Beiträge zur Arbeitslosenversicherung bezahlt haben und außerdem mindestens drei Monate ohne Arbeit waren."

Im März ist der Ortsverein beim Bezirk mit 21.900 DM im Soll, er hat die Landessammlung und den Verkauf von Wohlfahrtsmarken noch nicht abgerechnet. Am 30. Juli wendet sich der Bezirksverband Karlsruhe an den Ortsverein: Der Ortsverein hat gegenüber dem Bezirksverband einen Rückstand von 21.920 DM, es werden weitere Schritte angedroht.

Der Ortsverein, der seit 1980 keine Beiträge mehr an den Bezirk abgeführt hat, hat im August noch 13.500 DM offen, will ab 1985 abzahlen.

Im Oktober formuliert Roland Schöner eine ausführliche Kritik an der Vereins- und Kassenführung. Er bemängelt zu wenige Vorstandssitzungen, kein Konzept, kein Finanzplan. Es gibt Probleme mit Kassierer und Kassenführung.

1985

Rainer Ruess übernimmt die Kasse, beklagt den Zustand der Kassenverwaltung. Er legt einen Kassenbericht für 1984 und Finanzpläne für 1985 und 1986 vor, bei denen viele Fragen noch offenbleiben müssen. Der Ortsverein hat noch ca. 350 Mitglieder.

Geplant werden Informationsnachmittage für Senioren.

Im Dezember schreibt Roland Schöner an den Bezirksvorstand in Karlsruhe, dass der Ortsverein praktisch pleite sei, er hat Altschulden in Höhe von 18.000 DM aus den Jahren 1980/81. Schöner bittet um Erlass der Altschulden. Es besteht eine finanzielle Notlage des Vereins.

Es kommt zu einem Gespräch zwischen Roland Schöner und dem Bezirksgeschäftsführer Rolf Oswald, dessen Ergebnis so aussieht:
Wegen der defizitären Haushaltslage des Ortsvereins ist ein Sanierungsprogramm erforderlich. Der Ortsverein muss mehr liefern bei den Sammlungen und muss seine hohen Mietkosten senken. Eine jährliche Tilgung der Schulden um 4.000 DM erscheint realis-

tisch. Wenn diese erfolgt, verzichtet der Bezirk auf den Beitragsanteil für 1980 in Höhe von 8.700 DM.

Wolfgang Fehrenbach kündigt Rücktritt an, auch aus gesundheitlichen Gründen. Roland Schöner will weitermachen.

1986

In einem Rundbrief werden angekündigt: Vorträge, Gymnastik, Ausflüge, Reisen, Freizeiten für Kinder und Jugendliche.

Südkurier 17.3.:
„Führungswechsel bei AWO"
In der Jahreshauptversammlung vom 15. März wird Roland Schöner, Stadtrat (SPD), Studiendirektor an der Kaufmännischen Schule Konstanz, zum 1. Vorsitzenden gewählt. Seine Stellvertreter sind Willy Fund und Brigitte Leipold, Kassierer wird Rainer Ruess.

Das Ziel ist: die finanzielle Talfahrt bremsen. Probleme bestehen durch die hohen Mietkosten beim Kreisverband und die schlechte Saalvermietung.

Es werden Vortragsreihen und Informationsveranstaltungen angeboten. Der Ortsverein hat 20 ehrenamtliche Helfer. Die Saalvermietung wird neu geregelt, in der Friedrichstraße stehen Renovierungen an. Es besteht eine Jugendgruppe mit 48 Jugendlichen zwischen 12 und 18 Jahren.

Der Kreisverband möchte eine Chronik der Ortsvereine erstellen, 40 Jahre ab der Neugründung von 1946, und bittet um Unterlagen. Eine Realisierung ist wohl nicht erfolgt.

Der Kreisverband stellt beim Ortsverein einen rapiden Mitgliederschwund fest und fragt nach Ursachen und Konsequenzen.
(1981 = 406, 1982 = 340, 1983 = 345, 1984 = 288, 1985 = 267)

Dagegen weist die Mitgliederliste vom 29. Juli 321 Personen mit Adressen auf.

Südkurier 19.12.:
„AWO sucht Zukunft für ihr Haus"
Die Renovierungskosten sind für den Ortsverein zu hoch. Dach, Fassade und Fenster sind schadhaft. Als Lösung wären ein längerer Miet- und Pachtvertrag und mehr Zuschüsse erforderlich.

Für die Weihnachtsfeier sind Ehrungen für 40 und für 25 Jahre Mitgliedschaft geplant.

1987

Südkurier 16.2.:
Der Ortsverein organisiert am 21. Februar einen Basar für Kinderkleidung und Spielsachen.

Südkurier 16.3.:
„Finanzielle Talfahrt gestoppt."
Zur Jahreshauptversammlung schreibt die Zeitung: „Neue Besen kehren gut", gemeint ist das erste Jahr von Roland Schöner als Vorsitzendem. Es werden neue Fenster in Saal und Stüble angebracht, die Küche renoviert. Der Umbau des Saals wird geplant. Das Dach ist schadhaft, der Bund lässt das Haus verkommen, Schöner spricht von „Skandal". Die AWO bräuchte einen längeren Mietvertrag über 20-30 Jahre. Erstmals gibt es aber wieder einen Haushaltsüberschuss durch Sparpolitik und Senkung der Mietzahlungen an den Kreisverband.

Schwerpunkt ist die Seniorenarbeit.

Südkurier 19.5.:
„Bund will das AWO-Gebäude abstoßen".
Es gibt Kaufangebote an die Deutsch-Französische Vereinigung (ehemalige Isolierstation des Lazaretts), AWO (Hauptgebäude) und Malteser (Verwaltungsgebäude). Wegen der hohen Renovierungskosten kann die AWO nicht kaufen, sie will Mieter bleiben. Der Bund hat die Renovierung vernachlässigt, die Häuser sind für Käufer nicht interessant.

Südkurier 7.7.:
Eine einstimmige Resolution des Gemeinderats an das Bundesfinanzministerium auf Empfehlung des Sozialausschusses wird verabschiedet: Er ist gegen einen Verkauf der Gebäude Friedrichstraße und erhebt die Forderung nach langfristigen Mietverträgen für diese wichtigen sozialen Einrichtungen. Die Stadt kann selber nicht kaufen.

1988

Die Zeitschrift **AWO-Echo, Nr. 82/ 2, 1988** beschreibt ein Projekt des Kreisverbandes:
„Soziale Trainingskurse als Projekt ambulanter Rechtspflege Singen. Nachdem die Gemeinderäte von Konstanz und Singen finanzielle Unterstützung zusagten, hat der Kreisverband Konstanz sein Projekt ‚Ambulante sozialpädagogische Betreuung im Rahmen des Jugendstrafrechts' begonnen. Damit keine Sanktion (wie Geldbußen oder Dauerarrest) verhängt werden muss, soll Jugendlichen und Heranwachsenden, die straffällig geworden sind, mit Einzelberatung oder in Gruppenprozessen eine Hilfestellung gegeben werden. Mit den sozialen Trainingskursen soll auch ein pädagogischer Rahmen geschaffen werden, der neue Erfahrungen ermöglicht und von denen Anregungen zur Änderung des Verhaltens ausgehen können.

Unter Organisation und Betreuung eines Sozialarbeiters werden in Konstanz, Singen und Radolfzell regelmäßige Gruppentreffen angeboten, die jeweils zwei bis drei Stunden mit höchstens zehn Jugendlichen umfassen. Neben dieser Gruppenarbeit, die sich auf drei Monate erstreckt, sind zweimal jährlich einwöchige Kompaktseminare geplant, die in Inhalt und Methoden spezielle Straftäter (zum Beispiel Verkehrsdelikte) ansprechen.

Die Trainingskurse, für die keine Gewalttäter oder Drogenabhängige in Betracht kommen, wollen sich mit den Ursachen von Straftaten und mit Möglichkeiten materieller und ideeller Wiedergutmachung von Schäden befassen. Auf die persönliche und familiäre Situation der Teilnehmer gehen sie genauso ein, wie sie schulische und berufliche Belange, Freizeitverhalten und Partnerfragen, Sexualitäts- und Drogenprobleme behandeln."

Südkurier 14.3.:
Jahreshauptversammlung: „‚Neue Alte' kämpfen um ihr Haus".
Gemeint sind die noch aktiven Senioren, deren Zahl sich stetig vergrößern wird.

Einladung zum Sommerfest des Ortsvereins vom 10.9.1988

Südkurier 9.5.:
AWO und Berufsbildungswerk eröffnen eine Altenpflegeschule in der Friedrichstraße. Sie ist auf drei Jahre angelegt und für 23 Schüler geplant.

Die AWO will im Haus bleiben, hofft auf Unterstützung durch die Stadt, will das Thema in den OB-Wahlkampf einbringen.

1989

Südkurier 11.1.:
„Bund will 1,1 Millionen DM für das AWO-Haus"
Der AWO Kreisverband plant auf dieser Basis Kauf und Sanierung des Gebäudes. Die Stadt will mit einem Zuschuss von 800.000 DM einspringen. Im Dach sollen Zimmer für Zivildienstleistende und Studenten eingerichtet werden. Für die Vereine im Haus sollen höhere Mieten verlangt werden.

Es sind 13 Einrichtungen im Haus: Kindertagesheim, AWO, Beratung für Türken, Trachtenverein Edelweiß, Verein zur Förderung von Wohngemeinschaften, Drogenberatung, Mobiler Sozialer Hilfsdienst, Altenpflegeschule, Homosexuellen-Initiative, Werkstatt für arbeitslose Jugendliche, Aidshilfe, DLRG, soziales Training für straffällige Jugendliche.

Südkurier 16.3.:
„Führungswechsel bei AWO"
Die Jahreshauptversammlung findet am 18.3. statt. Rainer Ruess, Oberstudienrat an der Kaufmännischen Schule in Konstanz, wird erster Vorsitzender. Josef Schütt wird Kassier, bescheinigt gute Kassenführung für 1988.

Südkurier 26.4.:
„Der Holzwerkstatt droht die Schließung"
Seit 1984 haben neun Lehrgänge von einem halben Jahr unter Leitung von Günter Keim stattgefunden, jetzt herrscht mangelnde Nachfrage wegen der Zunahme beim Lehrstellenangebot. Die

AWO hat 40.000 DM für die Einrichtung ausgegeben, das Arbeitsamt zahlte 30.000 DM pro Kurs. Das Arbeitsamt würde gerne weitermachen, um benachteiligte Jugendliche an einen Beruf heranzuführen.

1990

Südkurier 26.3.:
„Die AWO bangt um ihr Domizil".
Zur Jahreshauptversammlung erscheinen 50 Mitglieder. Das Hauptproblem ist der Kaufpreis, den das Bundesvermögensamt für das Gebäude Friedrichstraße jetzt fordert, nämlich 2,1 statt 1,1 Millionen DM. Dadurch sind sieben Einrichtungen gefährdet. Der Vorsitzende Ruess ist empört, die AWO sieht sich von Obdachlosigkeit bedroht.

Südkurier 6.9.:
„Mietzins im AWO-Haus wird höher."
Es gibt eine Änderungskündigung durch den Bund. Er verlangt eine Mieterhöhung, will aber nach wie vor verkaufen. Untermieter müssten dann auch höhere Mieten zahlen.

Der Kreisverband hat 1567 Mitglieder. Davon fallen auf Singen 391, Gottmadingen 388, Konstanz 223, Radolfzell 154, Engen 144, Gailingen 94, Stockach 68, Volkertshausen 59.

1992

Südkurier 1.4.:
„AWO-Haus als Dauerthema"
In der Jahreshauptversammlung wird der Vorstand mit Rainer Ruess als Vorsitzendem und Roland Schöner und Willi Fund als Stellvertretern bestätigt. Ruess betont die Notwendigkeit von sozialen Vereinen.

Es finden weniger Renovierungen in der Friedrichstraße statt, weil die Zukunft ungewiss ist. Der Kreis-Vorsitzende Dietmar Johann spricht von einer Perspektive von zwei Jahren, dann müsse vielleicht ein neues Domizil gesucht werden. Ein Kauf des Gebäudes ist für die AWO zu teuer.

Der Ortsverein ist finanziell in Ordnung, aber er hat Probleme mit Mitgliederschwund und Überalterung.

Südkurier 26.11.:
Die Anlage Friedrichstraße wurde vom Bund bisher als Ganzes angeboten, jetzt stehen einzelne Gebäude zum Verkauf.

Für einen Förderantrag beim Landkreis formuliert der Kreisverband als Arbeitsschwerpunkte:

1. Altenhilfe
   – offene Altenhilfe
   – Altenberatung
   – Altenerholung/Kuren
   – Mobile Soziale Hilfsdienste
   – Stationäre Altenhilfe (Altenwohnanlagen)

2. Aus- und Fortbildung
   – Altenpflegeschule

3. Ausländerbetreuung
   – Beratungsstelle für Türken
   – Beratungsstelle für Jugoslawen
   – Integrationshilfen
   – Sprachkurse

4. Behinderten- und Gesundheitshilfen
   – individuelle Schwerstbehindertenbetreuung
   – therapeutische Wohngruppen
   – Sozialpsychiatrischer Dienst
   – Patientenclub

5. Jugend- und Familienhilfe
   – Kindertagesstätte

- Freizeit, Erholung, Kuren
- Soziale Trainingskurse für straffällige Jugendliche

6. Allgemeine Sozialarbeit
- Pflegschaften
- Einzelfallhilfe

1993

Der Ortsverein kündigt den Mietvertrag Friedrichstraße. Der Saal geht zurück an den Kreisverband, der Ortsverein verfügt noch über Küche und Begegnungsstätte.

1994

Es sind noch 156 Mitglieder im Ortsverein.

Das Projekt Chérisy (ehemalige Kasernenanlage) wird diskutiert.

1995

Die finanzielle Situation des Ortsvereins ist gut. Der Ortsverein organisiert in diesen Jahren Grillfest, Sommerfest, Weihnachtsfeier im Saal der Petruspfarrei, Ausflüge in der Region, Sommerfreizeiten.

In der Sitzung des Ortsvereins vom 8. Juli wird der Mitgliederschwund angesprochen. Das Durchschnittsalter liegt über 60 Jahre. Die AWO wird als Dienstleister wahrgenommen, nicht als Verein. Die Angebote gelten auch für Nichtmitglieder, der Beitrag gilt als zu hoch.

Es werden Überlegungen angestellt, wie man neue Mitglieder gewinnen könnte:

- Programme
- Unterstützung der Mitglieder, Angebote nur für Mitglieder
- Guter Ruf der AWO

- Mitgliederpflege
- Klare Betätigungsfelder
- Mit Aktivitäten in die Stadt gehen
- Mitgliederwerbung
- Vorteile von Mitgliedschaft
- Verbilligungen für Mitglieder
- Unterstützung mit Beratung und Materialien

Es wird an einer Konzeption für das Begegnungshaus Chérisy-Areal gearbeitet. Hierfür wird eine Arbeitsgruppe „Begegnungsstätte" gebildet.

Im Gebäude der Seniorenwohnanlage der Wobak stehen im EG 220 qm Fläche für Begegnungsstätte, Büro und Gruppenräume zur Verfügung.

Die Ausgangssituation sieht laut Protokoll vom 22. Juni folgendermaßen aus:

„In den 80er Jahren entstand dieses Areal durch Hausbesetzungen. Dadurch wurden die Chérisy-Kasernen als Wohnraum ‚umgenutzt' von etwa 350 Leuten, davon etwa 2/3 Studenten. Es sind alles Wohngemeinschaften.

Heute sind ca. 100 sogenannte ‚Altbewohner', alle unter 45 Jahren, relativ viel Alleinerziehende mit vielen Kindern zwischen 8 und 15 Jahren, keine Studenten (mehr); die anderen sind Studenten, die relativ kurz dort wohnen und keine starke Bindung an ihr Wohngebiet haben."

Es gibt keine Infrastruktur des täglichen Bedarfs, vorhanden sind: Spielplatz, Kindergarten, Jugendclub, kleiner Sportplatz, Ökoladen, Kulturladen, Kino, Fitnesscenter, Trommelwerkstatt, Übungsräume, Tanzclub, Versammlungsraum für ESG, Neue Arbeit etc.

Die Prognose lautet: 400 neue Wohnungen mit 800 bis 1.000 zusätzlichen Bewohnern, Familien mit Kindern, ältere Menschen und Studenten, eine einzige Grünfläche vor der Begegnungsstätte.

Teil 2: Jahreschronik der AWO in Konstanz 119

Jahresprogramm 1995

Arbeiterwohlfahrt
Ortsverein
Konstanz
Friedrichstraße 21
78467 Konstanz

Für alle Veranstaltungen bitten wir um Voranmeldung (donnerstags im Stüble oder Tel. 62873 oder bei Frau Schworobuk, Tel. 27383).

13.03 - 19.03	Landessammlung
25.03.	Jahreshauptversammlung um 15 Uhr. Auch in diesem Jahr werden Sie mit Kaffee und Kuchen bewirtet, deshalb bitten wir um Voranmeldung im Stüble bis 16.03.95
12.04	Abendessen mit Rainer Ruess im Gasthaus „Traube" in Staad, 18 Uhr
26.04.	Zum Höhenrestaurant Höchsten (siehe Reiseprogramm)
02.05.	Tulpenschau mit Kaffeetrinken auf der Insel Mainau mit Frau Fischbach und Frau Hellstern Treffpunkt um 14 Uhr an der Kasse der Mainau. Bitte noch keine Eintrittskarten kaufen.
10.05.	Muttertagsfahrt ins Blaue (siehe Reiseprogramm)
24.05.	Fahrt nach Engen mit Roland Schöner zum gemeinsamen Mittagessen und Spaziergang durch die Altstadt, danach Rückfahrt nach Singen, dort Besichtigung des neuen AWO-Hauses mit gemütlichem Kaffeetrinken im AWOCADO. Abfahrt in Konstanz Hbf.10.45 Uhr, Zusteigemöglichkeiten am Bahnhof Petershausen um 10.58 Uhr und am Bahnhof Wollmatingen um 11 Uhr, Ankunft in Konstanz ca. 18 Uhr. Bitte noch keine Fahrkarten kaufen.
31.05	Knopfmacherfelsen/Donautal (siehe Reiseprogramm)
14.06.	Grafenhausen-Tannenmühle (siehe Reiseprogramm)
27.06.	Besuch des Rosgartenmuseums mit Roland Schöner, Treffpunkt: Eingang Rosgartenstraße, 15 Uhr. Eine Führung wird organisiert, anschließend ist ein gemütliches Beisammensein.
12.07.	Donautal Fürstenberg (siehe Reiseprogramm)
22.07.	Sommerfest, ab 15 Uhr. Einladung mit Programm geht Ihnen noch zu.
11.08.- 24.08.	Ferien in Eckernförde (nähere Informationen bei Frau Schworobuk)
05.09.	Wanderung zur Haltnau zum gemeinsamen Vesper mit Rainer Ruess, Treffpunkt 14.30 Uhr an der Fähre in Konstanz.
19.09.	Dahlienschau mit Kaffeetrinken auf der Insel Mainau mit Frau Fischbach und Frau Hellstern. Treffpunkt um 14 Uhr an der Kasse der Mainau. Bitte noch keine Eintrittskarten kaufen.
27.09.	Laimnau mit Straußenfarm (siehe Reiseprogramm)
18.10.	Breitnau im Schwarzwald (siehe Reiseprogramm)
15.11.	Besuch des Archäologie-Museums mit Frau Fischbach. Eine Führung wird organisiert, anschließend gemütliches Beisammensein.
02.12.	ab 15 Uhr Weihnachtsfeier

Jahresprogramm des Ortsvereins im Jahre 1995

AWO : Soziale Tradition mit Zukunft

Erfahrung für die Zukunft: unter diesem Motto feierte die AWO 1994 ihr 75-jähriges Bestehen. Erfahrung kann die AWO als Ganzes auf allen Gebieten des Sozial - und vielen Teilen des Gesundheitswesens vorweisen: von der Entwicklungshilfe bis hin zur Krebsnachsorgeklinik. Von diesen und vor allem ihren eigenen Erfahrungen kann die AWO im Kreis Konstanz profitieren. Auch in Konstanz selber hat die AWO ihre eigene Tradition und damit das Rüstzeug, auch in Zukunft eine wichtige Funktion zu haben.

Zum Verständnis dieses Wohlfahrtsverbandes ein Blick in die Geschichte:
Die AWO wurde 1919 gegründet als ein Ausschuß der SPD für Wohlfahrtsarbeit. Im 3. Reich war sie verboten und wurde aufgelöst. Danach gründete die AWO sich wieder als unabhängiger Wohlfahrtsverband, der auf allen Gebieten der Sozialarbeit tätig ist. Seit 1991 gibt es die AWO wieder in ganz Deutschland. Die Gründung von AWO -Organisationen in den Neuen Ländern brachte nicht nur eine Ausweitung bereits bestehender Einrichtungen, sondern auch viele neue Impulse, andere Problemlösungen und Ideen.

Von Anfang an ging es darum, Impulsgeber für soziale Gesetze zu sein, sich aktiv für Beteiligte einzusetzen und immer wieder neue Modelle in der sozialen Arbeit auszuprobieren. Dadurch kam die AWO nie dazu, sich auf ihren Lorbeeren auszuruhen und stehenzubleiben: selbst heute noch ist ein steter Wandel von Aufgabenfeldern zu verzeichnen, auf den sie gerade auch in Konstanz reagieren will: z.b. durch die Betreuung von Seniorenwohnanlagen. Auf diesem Gebiet hat sich die AWO im Kreis bereits einen guten Ruf erarbeiten können: In Gottmadingen und Singen betreut sie bereits fast 200 Wohnungen.

Ein kurzer Verweis auf den Organisationsaufbau:
In Orten, wo es genügend Mitglieder und Aktive gibt, hat sich ein *Ortsverein* gegründet. Auch heute noch entstehen immer wieder neue Ortsvereine. Im Landkreis Konstanz gibt es Ortsvereine in: Konstanz, Stockach, Singen, Engen, Gottmadingen, Volkertshausen, Gailingen, Radolfzell. Hier wird von den Mitgliedern bei einer Mitgliederversammlung (meistens alle zwei oder drei Jahre) ein ehrenamtlicher Vorstand gewählt. Die Aktivitäten der OV sind unterschiedlich, abhängig von den Interessen und Fähigkeiten der Aktiven. So gibt es Begegnungsstätten für Senioren, Halbtagesausflüge, Besuchsdienste, Weihnachtsfeiern usw.

Die Ortsvereine eines Landkreises bilden den *Kreisverband*. Der Kreisverband bietet professionelle Hilfen im ganzen Kreisgebiet an. Auch er wird von einem ehrenamtlichen Vorstand geführt, der wiederum von Delegierten der Ortsvereine auf einer Kreiskonferenz gewählt wird.

Und so geht es weiter: Die Kreisverbände bilden die Bezirksverbände (in unserem Fall: *Bezirksverband Baden* mit Sitz in Karlsruhe), die Bezirksverbände, den Landesverband (hier: Landesverband Baden-Württemberg) und letztendlich gibt es den *Bundesverband* mit Sitz in Bonn.

In Konstanz ist der Ortsverein aktiv auf verschiedenen Gebieten: vom Familiensommerfest hin zu Ausflugsfahrten oder Seniorennachmittagen.

Professionelle Hilfe bietet der Kreisverband mit seinem Frauenhaus, dem Pflegedienst, Mobilen Sozialen Dienst, der Altenpflegeschule, Individuellen Schwerstbehindertenbetreuung, Kindertagesstätte, Angehörigengruppe von Alzheimerkranken, Sozialdiensten für Ausländer aus der Türkei und dem ehemaligen Jugoslawien.

Aber auch viele andere Aktivitäten, die die AWO kreisweit anbietet, richten sich an die Konstanzer: z.b. AWO-Reisen: Freizeiten für Kinder, Jugendliche, junge Erwachsene, und Familien, Mutter-Kind-Kuren, Seniorenreisen mit fachkundiger Begleitung; Jugendwohnheim, Resozialisierungs-Kurse für Jugendliche; Sprachkurse für Ausländer; Betreuungsverein.

Zur Zeit plant die AWO ein neues, aufregendes Projekt: betreute Seniorenwohnungen, Servicehaus und stadtteilbezogenes Begegnungszentrum auf dem Chérisy-Gelände. Mit der Verwirklichung dieser Pläne ist bereits begonnen worden und schon bald wird die AWO ihr neues Domizil beziehen können.

Und dort erhofft sie sich mit ihren Mitgliedern und MitarbeiterInnen, daß sie in diesem sich verändernden Stadtteil gut aufgenommen wird und ein Teil davon werden wird. Dafür wird die AWO - wie in der Vergangenheit - auch zukünftig ihr bestes geben ! Dazu benötigt und erwünscht sie sich auch weiterhin neue Mitglieder und sozial engagierte MitbürgerInnen.

Selbstdarstellung des Kreisverbands aus Anlass des 75-jährigen Bestehens der AWO

Konzeption (10 Seiten):
- Grundkonzept der Begegnung (entdecken, lernen, erleben, kommunizieren, unterhalten, informieren)
- Generationenübergreifendes Bürgerbüro
- Alle Bewohner als Zielgruppe
- Konkrete Vorhaben: Chérisy-Café, Chérisy-Fest
- Beratungen und Veranstaltungen
- Freizeitangebote für Kinder, Jugendliche, Senioren und alle gemeinsam
- Betreuungsangebote
- Integrationsangebote.

1996

Der Ortsverein beteiligt sich an einer bundesweiten Plakataktion zum Thema „Armut in Deutschland".

Es existiert eine Mustersatzung für die Ortsvereine.

1997

Es erfolgt der Erstbezug von 63 Seniorenwohnungen im Chérisy-Areal (AWO und Wobak).
Der Ortsverein zieht von der Friedrichstraße in das Chérisy-Gelände und eröffnet dort die Begegnungsstätte Chérisy. Der Ortsverein ist Mieter beim Kreisverband, hat dort ein Büro und kann Cafeteria und Saal nutzen. Es gibt einen Mittagstisch und Angebote für alle Altersgruppen außer den Jugendlichen. Der Sozialpädagoge Sascha Travica übernimmt die Betreuung, unterstützt von sieben ehrenamtlichen Mitarbeitern.

Am 4. Juli ist Tag der offenen Tür.

Der Ortsverein hat noch etwa 160 Mitglieder.

Einladung ♡ Einladung ♡ Einladung ♡ Einladung ♡ Einladung ♡ Einladung ♡ Einladung

AWO-Sommerfest

15 Jahre

im Sozialzentrum Friedrichstraße 21 in Konstanz

möchten wir feiern!

Am Samstag, den **29. Juni '96 ab 15 Uhr** sind

alle, die Lust und Zeit haben, eingeladen zum großen

Sommerfest

Hüpfburg

Kaffee & Kuchen

Kinderunterhaltung
"Reise ins Märchenland"

Gegrilltes & Salate

Musik

Getränke

Einladung zum Sommerfest des Ortsvereins im Jahr 1996

Teil 2: Jahreschronik der AWO in Konstanz 123

Die Weihnachtsfeiern mit Ehrungen finden im Treffpunkt Chérisy statt. Im Jahr 1997 übernimmt der 1. Vorsitzende Rainer Ruess die Begrüßung.

1998

Südkurier 11.4.:
„Es gilt jetzt, mit Aktionen auch die Jugend zu gewinnen".
Jahreshauptversammlung: Es ist ein Jahr des Umbruchs. Der Ortsverein will sich im Chérisy-Quartier einbringen und die Begegnungsstätte mitgestalten.

Das Stüble für die Senioren ist wieder gut besucht. Im Vorstand des Ortsvereins wirken auch Bewohner des Areals mit. Es wird ein Internet-Projekt für die Jugend gestartet.

Am 18. April findet ein großer Flohmarkt statt, am 17./18. Juli das Chérisyfest.

Ortsverein und Kreisverband planen gemeinsame Veranstaltungen mit Außenwirkung, z.B. zu Gewalt an Schulen, Arbeitslosigkeit.

Mitarbeiter des Treffpunkt Chérisy und der Seniorenwohnanlage im Jahr 2006.

Am 23. September findet ein Informationsgespräch zwischen AWO, Bürgermeister Volker Fouquet und Wobak-Direktor Bruno Ruess über das Chérisy/Fürstenberg-Gebiet statt.

Am 17. Oktober ist Tag der offenen Tür, die Begegnungsstätte wird in Treffpunkt Chérisy umbenannt. Leiter ist Manfred Winter. Dieser Treffpunkt ist ein Modellprojekt der AWO, weil er eine Begegnungsstätte für alle Generationen anbietet und ein soziales Netzwerk für das gesamte Chérisy-Areal und die angrenzenden Stadtteile bilden will.

1999 (Jahr der Senioren)

Es werden 25 Jahre „Stüble" für Senioren gefeiert.

Der Ortsverein lädt für den 27. April zu einer Veranstaltung ein: „Die AWO stellt sich vor":
„Die AWO macht ganz schön viel! Aber was eigentlich genau?

Die Arbeiterwohlfahrt hat sich in den letzten Jahren ständig vergrößert, neue Betreuungsangebote und Dienste sind hinzugekommen. Würden Sie vielleicht das Frauenhaus mit der AWO in Verbindung bringen? Oder die Arbeitslosenberatung? Oder oder oder."

Am 22. Juni gibt es ein Bürgergespräch mit OB Horst Frank zum Chérisy/Fürstenberg-Gebiet.

Am 4. September findet das Chérisy-Stadtteilfest statt, mit Flohmarkt und Kulturprogramm. Die Einnahmen gehen an das Projekt „Ambulanz für Mostar".

Zu diesem Fest schreibt **AWO-Echo Nr. 128/4, 1999**:
„Gute Laune beim Konstanzer Stadtteilfest:
Chérisy-Senioren und Kinder ‚wursteln' Hand in Hand.
Konstanz. Das Chérisy-Fest ist ein weit über Konstanz bekannte Stadtteilfest –auch von außerhalb kamen viele zum Flohmarkt, zum Kulturprogramm und vielen Veranstaltungen für Kinder. In diesem Jahr dabei: die BewohnerInnen der Chérisy-Seniorenwohnanlage. Aktiv beteiligten sie sich am Gelingen des Festes. Sonntags veranstalteten sie ein Bayerisches Weißwurstessen – bei schönem Wetter und musikalischer Unterhaltung war die zünftige Spezialität vor zwölf Uhr ausverkauft! Kein Wunder: Senioren aus den von der AWO betreuten Anlagen in Singen, Gottmadingen und Radolfzell kamen in Scharen, um sich auf dem Fest zu amüsieren. Alle wollten beim Chérisy-Fest dabei sein, schauen, wie die Konstanzer ‚Kollegen' wohnen – und natürlich Weißwürste genießen. So war der Erlös der Veranstaltung für die BewohnerInnen der Seniorenanlage hoch. Spontan stellten sie das Geld zur Verfügung: Und zwar der gesamten Chérisy-Anlage, wo neben den Senioren auch viele Kinder leben und die Arbeit mit diesen Kindern ein Schwerpunkt ist. So setzten die Senioren ein sichtbares Zeichen dafür, dass die verschiedenen Generationen zur gegenseitigen Hilfe bereit sind. Und für das nächste Mal gilt: Mehr Würste müssen her!"

Am 23. September folgt eine Informationsveranstaltung mit AWO, Bürgermeister Volker Fouquet und Wobak-Direktor Bruno Ruess zur Entwicklung des Chérisy/Fürstenberg-Gebietes.

Das Reiseprogramm bietet 10 Tagesfahrten an.

Die Vereine „Punkt Punkt Komma Strich" und „Eltern für Integration" wollen Räume im Treffpunkt nutzen. Ziel von „Punkt Punkt Komma Strich" ist es, Familien Möglichkeiten zur Begegnung, gemeinsamer Freizeitgestaltung und gegenseitiger Hilfe zu geben.

Der Ortsverein erhält eine Erbschaft über 250.000 DM (Westphal). Die Hälfte bleibt beim Ortsverein, die andere Hälfte geht an den Kreisverband für Projekte in Konstanz.

2000

Es sind folgende Veranstaltungen im Jahr 2000 geplant:
- 15. Juli Grillfest im Treffpunkt Chérisy
- 29. Juli mit Schiff nach Stein am Rhein
- 20. August Brunch
- 6. September Insel Reichenau mit Roland Schöner und Alfred Heizmann
- 9. September Chérisy-Fest
- 21. September Landesgartenschau Singen

Die Besucherzahlen im Stüble sind rückläufig.

Es wird eine Konzeptionsgruppe für die Chérisy-Einrichtungen gebildet.

2001

Es gibt Planungen für den Platz vor dem Treffpunkt (Boulebahn, Schachfeld, überdachter Treffpunkt). Der Ortsverein unterstützt mit der Erbschaft auch andere Ortsvereine.

Ehrung für das Gründungsmitglied Maria Breier zum 100. Geburtstag am 26.9.2001

Eine Sozialpädagogin ist beim Treffpunkt für Kinder- und Familienarbeit tätig.

Am 20. Juni ist Quartiersbeiratssitzung Chérisy mit Bürgermeister Volker Fouquet.

Am 27. Juli findet das Grillfest im Treffpunkt Chérisy statt.

Es besteht eine Stillgruppe, die sich einmal in der Woche trifft, und es wird eine Gruppe für Gesellschaftsspiele angeboten.

Südkurier 26.9.:
Maria Breier, Gründungsmitglied von 1946, wird zum 100. Geburtstag geehrt.

Am 27. November findet in der Cafeteria eine ungewöhnliche musikalische „Reise" mit einem dreisaitigen altrussischen Instrument statt.

2002

Festgestellt werden Teilnehmerrückgang bei Aktivitäten, Mitgliederschwund, weniger Ehrenamtliche (dies gilt auch für andere Vereine).

Ein Schwerpunkt im Treffpunkt ist die Kinderarbeit (Spielgruppe, Hausaufgabenbetreuung, Mädchengruppe). Zeitweise gibt es auch eine Jugendkunstgruppe.

Es besteht eine Stagnation bei der Landessammlung, nur bei den Freizeiten gibt es eine Zunahme.
Beim Kreisverband geht die Mitgliederzahl von 1796 Mitgliedern im Jahr 1974 auf 1100 Mitglieder im Jahr 2000 zurück.

2003

Das Protokoll des Kreisausschusses vom 15.3.2003 verzeichnet zum Ortsverein Konstanz:
„Obwohl der Ortsverein gut geführt ist, ist ein deutlicher Mitgliederschwund zu verzeichnen. Die Veranstaltungen werden wie bisher durchgeführt, allerdings mit fallenden Teilnehmerzahlen. Man ist in Konstanz halt ein Verein unter vielen. Der Schwerpunkt der Tätigkeit hat sich ins Chérisygebiet verlagert. Dort ist man an der Lösung der Probleme des Wohnquartiers beteiligt, und es besteht eine sehr gute Zusammenarbeit zwischen Ortsverein und Kreisverband."

Südkurier 29.7.:
„Talabu hat sich bewährt".
Die Kindertagesstätte besteht jetzt seit 20 Jahren mit Theresia Wunderle als Leiterin. Es sind jetzt 42 Kinder von 3-10 Jahren da, also auch Schulkinder.

Der Bund ist nach wie vor Eigentümer der Anlage Friedrichstraße, nach wie vor bestehen bauliche Mängel. Die AWO wünscht sich die Stadt als Käufer.

2004

Südkurier 16.3.:
„Die Fassade bröckelt"
Für die Jahreshauptversammlung bleibt die Friedrichstraße ein Dauerthema, sie wird in den OB-Wahlkampf einbezogen.
Der Ortsverein hat noch 98 Mitglieder. Rainer Ruess tritt nach 15 Jahren als Vorsitzender zurück. Sein Nachfolger ist Peter Friedrich, Verwaltungswissenschaftler, Kreisvorsitzender der SPD, ab 2005 Mitglied des Deutschen Bundestages.

Der Ortsverein hat noch 98 Mitglieder.

Auf dem Chérisy-Gelände wird ein Bolzplatz eröffnet.

Es gibt nach wie vor viele Diskussionen um Kauf, Miete und Renovierung der Anlage Friedrichstraße. Die Stadt verlangt eine Sanierung des Gebäudes vor einem Kauf.

Südkurier 14.12.:
Die AWO richtet eine Kinderkrippe in der Friedrichstraße ein. Es gibt wieder freie Räume im Erdgeschoss nach Auszug des Vereins „Frauen und Kultur". Die Einrichtung ist für 12 Kinder ab sechs Monaten gedacht, die Leitung soll Theresia Wunderle übernehmen. Der Altbau Friedrichstraße entwickelt sich zum Kinderhaus.

2005

Südkurier 25.1.:
„Tropfen auf bröckelnden Stein"
Die Stadt will statt 1 Million DM nur zwei Mal 100.000 DM für die Anlage Friedrichstraße zuschießen. Eine Sanierung ist überfällig. Der Bund möchte jetzt das Haus verschenken, will aber für das

AWO benötigt Finanzzusage der Stadt für Sanierung der Friedrichstraße 21

Tropfen auf bröckelnden Stein

Der Blick in den Haushaltsplan löste bei Peter Friedrich Enttäuschung aus. So hatte sich der Vorsitzende des Arbeiterwohlfahrt-Ortsvereins (AWO) die Unterstützung der Stadt nicht vorgestellt. Statt der erwarteten eine Million Euro, will die Stadt den Verein in den beiden nächsten Jahren mit je 100 000 Euro unterstützen, um das Sozialzentrum in der Friedrichstraße 21 zu sanieren.

VON
INGE KÖNIG

Konstanz – Die Sanierung des denkmalgeschützten Gebäudes, der früheren Frauenklinik, ist überfällig. Gerüste und Absperrgitter müssen Benutzer und Besucher des Hauses vor herunterfallenden Fassadenteilen schützen. Das imposante Gebäude in der Parkanlage ist schon lange kein Schmuckstück mehr für das Viertel. Doch die Stadt will abwarten. Die AWO soll erst mit dem Hausbesitzer, dem Bund, verhandeln. Aus Sicht des AWO-Ortsvereinsvorsitzenden Peter Friedrich ist das längst geschehen. Das Ergebnis liegt ihm vor: Der Bund will dem AWO-Kreisverband das Haus schenken. Das Grundstück muss der Wohlfahrtsverband aber kaufen. Als Preis wurde ein 30-prozentiger Abschlag vom Grundstückswert mit einer Million Euro vereinbart. Um das Nötigste an dem Gebäude zu sanieren, rechnet Peter Friedrich mit einem Aufwand von 1,8 Millionen Euro. Das ergibt in der Summe einen Aufwand von 2,5 Millionen Euro. Der AWO-Kreisverband hatte erwartet, von der Stadt eine Unterstützung über eine Million Euro zu bekommen. Der Verein würde selbst seine gesamten Möglichkeiten ausschöpfen.

Im vergangenen Sommer war das Thema Sanierung des AWO-Gebäudes immer wieder Thema im Oberbürgermeister-Wahlkampf gewesen. Die Stadtverwaltung steht aktuell auf dem Standpunkt, der Bund müsse das Gebäude saniert übergeben, vorher könne kein „genauer Betrag" genannt werden.

Die AWO war Anfang der 80er-Jahre auf Wunsch der Stadt in das Gebäude gezogen, um es vor drohenden Hausbesetzungen zu schützen. Inzwischen sind alle nutzbaren Räume des Gebäudes belegt. Im AWO-Kinderhort werden Kinder zwischen ein und 13 Jahren ganztägig betreut. Der Familientreff bietet seine Gruppenstunden dort an, verschiedene Fasnachtsvereine haben Probenräume, der AWO-Migrationsdienst ist dort angesiedelt und auch die Homosexuellen-Initiative. „Wir wollen das Sozialzentrum für Petershausen sein", formuliert Peter Friedrich sein Ziel.

Kinder vom AWO-Hort mit ihrer Betreuerin Birgit Piontek (links) vor dem Haupteingang. Ein Gerüst schützt vor herabfallenden Fassadenteilen.
BILD: HETZEL

Der Südkurier berichtet über die Baufälligkeit des Gebäudes Friedrichstraße 21 am 25.01.2005

Sie freuen sich auf die Elternschule der Awo in Konstanz: Awo-Kreisvorsitzender und SPD-Bundestagsabgeordneter Peter Friedrich und die Awo-Mitarbeiterinnen Regina Brütsch (Mitte mit Tochter Franziska) und Stefanie Anheier).
BILD: WISCHER

Der Ortsverein unterstützt die Einrichtung der Elternschule in der Friedrichstraße 21, Südkurier vom 01.12.2005

Grundstück 1 Million DM minus 30 % Abschlag. Die Renovierung wird mit ca. 1,8 Millionen DM veranschlagt. Das ergibt Gesamtkosten von ca. 2,5 Millionen DM.

Der Ortsverein regt einen Tafelladen an wie in Singen.

Südkurier 1.12.:
„Mut zum Erziehen und Spielen"
In der Friedrichstraße wird eine Elternschule eröffnet nach Auszug der Krankenpflegeschule.

Die Themen sind: Babymassage, Mut zum Erziehen, Montessori-Pädagogik, Geburtsvorbereitung für Geschwisterkinder, Babysitterkurs für Kinder und Jugendliche, spielerisches Englisch, Pekip-Kurs.

2006

Es ist eine neue Satzung geplant mit Eintragung ins Vereinsregister, bisher war der Ortsverein eine Untergruppe des Kreisverbandes. Der Kreisverband plant in der Friedrichstraße ein Mehrgenerationenhaus als Stadtteilmittelpunkt.

Die Kurse der Elternschule in der Friedrichstraße kommen in Gang.

Südkurier 2.9.:
Die Wobak kauft das Gebäude Friedrichstraße 21 und renoviert es mit 2 Millionen Euro Kosten. Der AWO-Kreisverband wird Mieter. Als Frauenhaus ist das Gebäude wegen der vielen Nutzer nicht geeignet.

2007

Der Ortsverein spendet für den Tafelladen 3.000 Euro.

Die Friedrichstraße bleibt Dauerthema. Der Ortsverein vermittelt zwischen Kreisverband, Stadtverwaltung, Wobak und Bundesvermögensverwaltung.

In der Zeitschrift **AWO-Echo, Nr. 159/3, 2007**, findet sich ein Bericht über die Kindertagesstätte in der Friedrichstraße:
„Kindgerechtes Miteinander: Alle Altersgruppen unter einem Dach
Ein schönes Beispiel für eine der bunt gemischten Kindertagesstätten ist die Kita ‚Talabu' der AWO Konstanz. Der Name wurde aus den Buchstaben des Wortes Altbau ‚geschüttelt': Zum einen verweist er auf das schöne alte Gebäude, zum anderen auf die Kreativität, die hier mit Musik, Malen und Experimentieren stets im Vordergrund steht.

Das Erzieherinnenteam betreut 42 Jungen und Mädchen in Gruppenräumen, außerdem gibt es für alle einen großen Spielplatz im naturbelassenen Garten. Die Kita vereint Regelkindergarten, Hort bzw. Ganztagsbetreuung und verlängerte Vormittagsbetreuung einschließlich Mittagessen für GrundschülerInnen. Für die jüngsten von einem Jahr bis zu drei Jahren gibt es außerdem zehn Krippenplätze. Gefördert wird die individuelle Persönlichkeitsentwicklung ebenso wie das verantwortungsvolle Miteinander."

Die Zeitschrift **AWO-Echo, Nr. 159/3, 2007**, berichtet auch über ein landesweites Bildungsprojekt der AWO:
„Konstanz.
‚Tharos' [... griech. für ‚Mut'...] heißt auch ein Bildungsprojekt auf Landesebene für benachteiligte junge Menschen bis 25 Jahre, die den Hauptschulabschluss nachholen und so eine neue Chance in ihrem Leben wahrnehmen wollen.

Mit der schriftlichen Abschlussprüfung im Mai und der mündlichen im Juni ging gerade ein Kurs im Rahmen des Tharos-Projektes bei der AWO Konstanz zu Ende. Von den durchschnittlich zwölf Teilnehmern haben letztlich sieben das Ziel erreicht und besitzen jetzt das Hauptschul-Abschlusszeugnis. Während des Projektjahres sind einige auch wieder ausgestiegen, zum Teil, weil sie Arbeit gefunden haben, zum Teil, weil die schulischen Voraussetzungen zu gering waren. Teilnehmen konnte nur, wer im Leistungsbezug nach dem SGB II (Hartz IV) war. Das Projekt wird mit Mitteln des Job-Centers des Landkreises Konstanz und des Europäischen Sozialfonds gefördert.

Die Kursinhalte setzen sich in Konstanz zu gleichen Teilen aus Unterricht und Praktika zusammen. Die TeilnehmerInnen brachten ausnahmslos eine problematische Lebensgeschichte mit, z.B. mit Überschuldung, Straffälligkeit oder Suchtgefahr. Dadurch erhielt die sozialpädagogische Begleitung einen besonderen Stellenwert – und umso stolzer können die AbsolventInnen auf ihre Leistung sein."

2010

Südkurier 16.4.:
Die Zeitung bringt ein Foto des neuen Vorstands mit Jens Bodamer als 1. Vorsitzenden. Er ist Studienrat an der Kaufmännischen Schule Singen, Ortschaftsrat in Dettingen (SPD).

Konstanzer Arbeiterwohlfahrt mit neuer Führung

Der AWO-Ortsverein hat einen neuen Vorstand gewählt, nachdem Peter Friedrich den Vorsitz wegen seiner Aufgaben als Abgeordneter und Generalsekretär der SPD aufgab. Die neue Führung (von links): Gundula Fischer (Beisitzerin), Roland Schöner (Kassierer), Jens Bodamer (Vorsitzender), Mark Schlossarek (Beisitzer), Hilde Schmidt (Schriftführerin), Peter Friedrich (stellv. Vorsitzender); nicht auf dem Bild: Martina Fischbach (Beisitzerin).

Der neue Vorstand im Jahr 2010

Der Ortsverein hat noch 70 Mitglieder.

20.4.:
Vorstandssitzung:
Projekte für das laufende Jahr sind: Sütterlin-Schreibstube zur Erfassung und Übertragung älterer Texte in moderne Schreibweise,

Sammlung von Geschichten, Singkreis, Flohmarkt im Mai und im September, Stadtführung, Ausflugsfahrt, Herbstfest und Weihnachtsfeier.

Südkurier 8.9.:
„Die ungelesenen Briefe der Großväter
In der neuen Schreibstube der Arbeiterwohlfahrt übersetzen Sütterlinkundige alte Briefe

Heißt das vielleicht Barbierstube? Ingrid Brockhoff beugt sich über den handgeschriebenen Brief und betrachtet die steilen Buchstaben. Vor 66 Jahren hatte sie in der Grundschule die Sütterlinschrift gelernt, jetzt hat sie sie wieder vor Augen. „Ich musste mich erst reinlesen", sagt die 76-Jährige. Sie sitzt in der „Sütterlin-Schreibstube" im Treffpunkt Chérisy, um Menschen zu helfen, die Briefe ihrer Großväter und Väter nicht mehr lesen können. Denn sie wurden in einer altertümlichen Schreibschrift verfasst, die teilweise deutlich von der heutigen abweicht. Sie wirkt eckiger mit vielen lange Schleifen nach oben und nach unten. Einzelne Worte lassen sich erahnen, andere stellen den, der kein Sütterlin kann, vor Rätsel. Die Arbeiterwohlfahrt (AWO) greift eine Idee aus Hamburg auf und bringt nun in ihrer Schreibstube die Sütterlinkundigen mit Menschen zusammen, denen die alte Handschrift nicht mehr vertraut ist.

Eine Frau hat Briefe von ihrem Vater dabei. Er hat sie 1943 aus dem Krieg geschrieben. „Ich traue mich da gar nicht so recht ran", sagt sie. Sie fürchtet, die Nachrichten könnten auch heute noch emotional sehr aufwühlend sein. Die Frau findet beim Treffen Menschen, die ihr im kleinen Kreis helfen werden, die Briefe zu entziffern. Auch andere sind mit Feldpost gekommen, etwa Gundula Fischer. Ihr Großvater hat sie während des Ersten Weltkriegs verfasst. Ein ganz anderes Dokument hat der Stadtrat Michael Fendrich dabei, einen Brief des Staatspräsidenten der Republik Baden aus dem Jahr 1919 an seinen Großvater, den Politiker und Journalisten Anton Fendrich. Der Enkel ist gerade dabei, den Nachlass des Großvaters zu sichten.

Auch Dieter Siever will Ordnung in seinen Nachlass bringen. Ihn beschäftigen die Lebenserinnerungen seines Schwiegervaters.

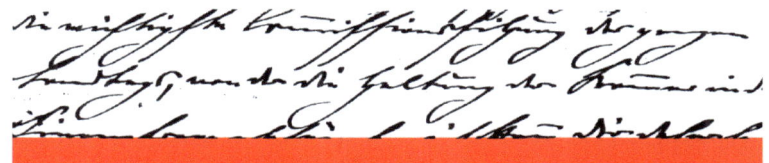

Werbeplakat der Sütterlin-Schreibstube für die Gewinnung neuer Mitarbeiter

Siever will seinen Kindern die Texte entziffert und sortiert hinterlassen „Es wäre schade, wenn das Wissen verloren ginge." Die Notizen mit dem Bleistift sind allerdings selbst für Sütterlinkundige kaum zu entziffern, zu individuell ist die Handschrift.

Beim Übersetzen der alten Dokumente steigen in Irmgard Michelier die Erinnerungen an ihre Kindheit auf. Die 82-Jährige kann sich noch gut an Schönschreibübungen in Sütterlin erinnern. Sie musste dabei ganz vorsichtig mit Feder und Tintenfass hantieren. „Man durfte keinen Klecks machen. Ein Klecks nur und es gab die Note drei oder vier." Wie viele Menschen in ihrem Alter hat Michelier in der Grundschule Sütterlin gelernt, später aber auch die moderne Schreibschrift mit dem Füller. Auch einige der Jüngeren erinnern sich, wie sie das Schönschreiben noch in Sütterlin übten. Das Lesen der Feldpost von Menschen, die sie gar nicht kannte, weckt bei Sütterlin Erinnerungen an ihren Vater Er habe zu den Unglücklichen gehört, die im Ersten und im Zweiten Weltkrieg eingezogen wurden. Wenn sie sich als Kind über den Hunger während der Kriegszeit beklagte, habe sie immer zu hören bekommen: „Sei froh, dass du nur einen Krieg mitmachen musst."

Die Schreibstube ist alle zwei Wochen am Montag um 16.30 Uhr im Treffpunkt Chérisy (Chérisystraße 15) geöffnet. Das nächste Sütterlin-Treffen ist am Montag, 13. September. Weitere Informationen im Internet: www. suetterlin-schreibstube.de."

25.9.
Die Tradition eines Sommerfestes wird wiederaufgenommen.

Die Zeitschrift **AWO-Echo, Nr. 172/4, 2010,** berichtet über die Nachtwanderer:
„Aufmerksame Nachtwanderer passen auf
Konstanz. Junge Leute sollen zur Disco oder auf dem Heimweg ohne Angst unterwegs sein können. Das ist der Gedanke hinter dem neuen Projekt der AWO Konstanz. Seit Juni durchstreifen engagierte Ehrenamtliche ab 23 Jahren die Stadt, vorwiegend am Wochenende. Ihre ersten Erfahrungen: große Akzeptanz bei den Jugendlichen, Erleichterung bei den Eltern.

Die Nachtwanderer sind in Vierergruppen auf der Straße, an Haltestellen oder im öffentlichen Nahverkehr anzutreffen. Vor ihrem Einsatz werden sie in Deeskalation und Erste Hilfe geschult. Maria Peschers, eine der Initiatorinnen, nennt als klares Ziel, für Jugendliche Ansprechpartner zu sein und sie nicht mit erhobenem

Aufmerksame Nachtwanderer passen auf

Konstanz. Junge Leute sollen zur Disco oder auf dem Heimweg ohne Angst unterwegs sein können: Das ist der Gedanke hinter dem neuen Projekt der AWO Konstanz. Seit Juni durchstreifen engagierte Ehrenamtliche ab 23 Uhr die Stadt, vorwiegend am Wochenende. Ihre ersten Erfahrungen: große Akzeptanz bei den Jugendlichen, große Erleichterung bei den Eltern.

Die Nachtwanderer sind in Vierergruppen auf der Straße, an Haltestellen und im öffentlichen Nahverkehr anzutreffen. Vor ihrem Einsatz werden sie in Deeskalation und Erste Hilfe geschult. Maria Peschers, eine der Initiatorinnen, nennt als klares Ziel, für Jugendliche Ansprechpartner zu sein und sie nicht mit erhobenem Zeigefinger zu maßregeln. Das ursprünglich schwedische Modell hat sich schon in etlichen Städten bewährt, auch bei der AWO Konstanz freut man sich über großes Interesse seitens der Bevölkerung.

Die Nachtwanderer nehmen ihre Tätigkeit in Konstanz auf, hierüber berichtet das AWO Echo Nr. 172

Zeigefinger zu maßregeln. Das ursprünglich schwedische Modell hat sich schon in etlichen Städten bewährt, auch bei der AWO Konstanz freut man sich über großes Interesse seitens der Bevölkerung."

2011

Zu den regelmäßigen Aktivitäten gehören der Seniorentreff, der Singkreis, die Sütterlin-Schreibstube, Sommerfest und Weihnachtsfeier.

Auch im Jahr 2011 ist die Weihnachtsfeier des Ortsverein ein voller Erfolg

Der Ortsverein beteiligt sich an den Chérisy-Flohmärkten und zum ersten Mal am Konstanzer Kinderfest am Ende der Sommerferien.

2012

Der Ortsverein bietet einen Osterbrunch an. Er ist Gastgeber einer Konferenz der Ortsvereine zum Thema Ehrenämter im Bezirksverband Baden. Das Sommerfest wird zusammen mit der Kindertagesstätte Talabu, der Spielgruppe Mini-Club und dem Frauenhaus durchgeführt. Im September beteiligt sich der Ortsverein wieder am Konstanzer Kinderfest und im November am Tag der Offenen Tür in der Friedrichstraße 21.

Das Sommerfest mit Musik im Jahr 2012 findet großen Zuspruch

2013

AWO-Echo 182/2, 2013 berichtet über die Verabschiedung von Werner Neidig, langjähriger Geschäftsführer des AWO-Kreisverbandes in Singen.

Teil 2: Jahreschronik der AWO in Konstanz 139

Die AWO-Aufgaben sind gewachsen

Nach 33 Berufsjahren hinterlässt Werner Neidig ein gut bestelltes AWO-Haus. Der Kreisvorsitzende Dietmar Johann hat in seiner Laudatio die Bereiche skizziert, die Neidig als Geschäftsführer maßgeblich angestoßen hat?

▶ **Arbeit:** Mit Aktivierungs- und Qualifizierungsprogrammen versucht die AWO Langzeit- und jugendliche Arbeitslose für den Arbeitsmarkt zurückzugewinnen.

▶ **Außerstationäre Psychiatrie:** 1983 wurde die erste Wohngemeinschaft und Tagesstätte für psychisch Kranke eingerichtet. Der Ausbau des sozialpsychiatrischen Dienstes auf 50 Plätze im betreuten Wohnen sowie der Beschäftigungsmöglichkeiten für psychisch Kranke folgte zuletzt ein Projekt für Kinder von psychisch kranken Eltern (Skipsy).

▶ **Pflege und Betreuung:** 1987 eröffnete die erste betreute Seniorenwohnanlage im Landkreis Konstanz. Heute hat sich die Zahl der Plätze in AWO-Häusern in Konstanz, Singen, Radolfzell und Gottmadingen verzehnfacht. Die AWO ist größter Anbieter von betreuten Wohnungen im Landkreis.

▶ **Bauaktivitäten:** 1993 war für Werner Neidig und den AWO-Kreisverband ein Baujahr. Mit dem Sozialzentrum am Singener Heinrich-Weber-Platz und dem Bau des Seniorenwohnanlage in Gottmadingen stemmte er gleich zwei große Projekte. In Konstanz beschäftigte er sich während der gesamten Dienstzeit mit dem Gebäude in der Friedrichstraße 21 (Kindertagsstätte). In Singen entstand nach der Jahrtausendwende das Pflegeheim „Emil-Sräga-Haus", das von der Baugenossenschaft Hegau gebaut und von der AWO betrieben wird. Zuletzt baute die GVV für die AWO das Familien-Kinder-Haus „Ta-katuka-Land" in der Schlachthausstraße. Hier sollen Einzelkinder nach dem AWO-Kinderkonzept gefördert werden. (gtr)

Wechsel an der Spitze der AWO

▶ Große Verabschiedung von Werner Neidig
▶ Wegbegleiter und Kollegen würdigen Lebenswerk
▶ Reinhard Zedler neuer AWO-Kreisgeschäftsführer

VON GUDRUN TRAUTMANN

Singen/Landkreis – So ein Tag hat immer etwas Schweres und Leichtes zugleich. Der offizielle Abschied aus dem aktiven Berufsleben machte auch dem Kreisgeschäftsführer der Arbeiterwohlfahrt (AWO), Werner Neidig, zu schaffen, führte ihm doch die geballte Wertschätzung von Vorgesetzten, Kollegen, Mitarbeitern und Wegbegleitern im vollbesetzten Gems-Saal vor Augen, welchen Schatz an beruflichen und menschlichen Beziehungen er hinter sich lässt. Da macht sich selbst bei einem so weiten, stets besonnenen und unaufgeregten Mann ein Kloß in der Kehle breit. Wenn zum Beispiel die Kinder der unter seiner Ägide entstandenen jüngsten Kindertageseinrichtung „Taka-Tuka-Land" auf die Bühne klettern und ihm eine kleine Hymne singen. Bescheiden und doch gerührt, ließ Werner Neidig, die Vielzahl der Lobreden und musikalischen Würdigungen seiner Person über sich ergehen. In 33 Berufsjahren hat er die AWO zu einem großen Unternehmen mit 250 Beschäftigten in etlichen sozialen Einrichtungen wie Pflegeheimen, Kindertagesstätten und Sozialvereinen gemacht. Der AWO-Kreisvorsitzende Dietmar Johann zeichnete ein umfassendes Bild seiner Lebensleistung. Mit zwei halbjährigen Nachfolger und langjährigen Stellvertreter Reinhard Zedler,

Reinhard Zedler (links) übernimmt die Geschäftsführung des AWO-Kreisverbandes von Werner Neidig (rechts), der in die Alterszeit verabschiedet wurde. BILDER: SABINE TESCHE

hat er 1980 mit dem Auf- und stetigen Ausbau der Einrichtungen begonnen. Das Haushaltsvolumen betrug damals 90 000 DM. Neidig übergibt einen gut bestellten Dienstleistungsbetrieb mit einer Bilanzsumme von zehn Millionen Euro an seinen Nachfolger und langjährigen Stellvertreter Reinhard Zedler.

Zum Abschied von Werner Neidig sangen nicht nur die Kinder der AWO-Kita „Taka-Tuka-Land", mit Gesangseinlagen zeigten Wegbegleiter ihrem scheidenden Chef ihre hohe Wertschätzung.

Auch er kennt die AWO wie seine Westentasche. In seiner kreativ-musischen Art hatte er die Lebensbilanz seines scheidenden Kollegen in einen humorvollen Rapp verpackt und als Film präsentiert. „Ich bin kein junger Betriebswirt, sondern ein alter Sozialarbeiter", charakterisierte sich Zedler selbst und hat sich damit offenbar bestens für die Nachfolge von Werner Neidig empfohlen. Der darf sich bei aller Schwere des Abschieds nun auf einen neuen Lebensabschnitt mit freier Zeitgestaltung und vielen Reisen mit seiner Frau Renate freuen. Obwohl die verschiedenen Sozialvereine kräftig um sein ehrenamtliches Engagement werben.

Oberbürgermeister Oliver Ehret würdigte Neidig auch im Namen der Nachbargemeinden als Kämpfer für eine sozialgerechte Gesellschaft. Der Vorsitzende der AWO-Baden, Hans-Jörg Seeh, lobte die in der Neidig-Ära entstandene Vielfalt an Sozialvereinen im Landkreis. Der Sozialdezernent des Landkreises hob in Vertretung von Landrat Hämmerle Neidigs Qualitäten als Sozialmanager und -anwalt hervor, während der Betriebsratsvorsitzende Markus Dreier und Regina Britisch seine Rolle Chef würdigte, der stets eine offene Tür und ein offenes Herz" für die Mitarbeiter hatte.

Ohne engagierte und fachlich kompetente Mitarbeiter, so Werner Neidig in seinem Schlusswort, wäre diese lange Erfolgsgeschichte nicht möglich gewesen. Jetzt hat er sie in die Hände gelegt seines Nachfolgers gelegt.

Der langjährige Geschäftsführer Werner Neidig wird verabschiedet

Auszeichnung für Nachtwanderer

Konstanz. Viele Jugendliche in der Bodenseestadt sind froh, dass es die Nachtwanderer gibt: Denn nach Kino oder Disco, an dunklen Haltestellen und öffentlichen Plätzen, sorgen die Ehrenamtlichen durch pure Anwesenheit für mehr Sicherheit. Besonders an den Wochenenden, wenn andere vor dem Fernsehkrimi sitzen, durchstreifen sie in Vierergruppen die Stadt und verhindern so manchen „Tatort" vor der Haustür.

Das Projekt der Konstanzer AWO, ursprünglich eine Idee aus Schweden, hat sich bis nach Berlin herumgesprochen. Zum Tag des Ehrenamts, am 26. Juni 2013, lud Bundesjustizministerin Sabine Leutheusser-Schnarrenberger eine Delegation der Nachtwanderer ein, gemeinsam mit über 70 weiteren Bürgerinnen und Bürgern, die sich in der Kriminalprävention für Jugendliche stark machen. Stellvertretend für das Konstanzer Team reisten Gabriele Weiner und Daniela Korander ins Justizministerium. Neben dem Dankeschön der Ministerin brachten sie wichtige neue Erkenntnisse aus dem Erfahrungsaustausch mit nach Hause.

Die Nachtwanderer werden in Berlin ausgezeichnet, AWO Echo Nr. 183

Es gibt eine Auszeichnung für Nachtwanderer, sie werden zum Tag des Ehrenamtes nach Berlin eingeladen (AWO Echo 183/3, 2013).

2014

24.5.

Mit einem Jahr Verspätung findet das Jubiläumsfest Ü30 = 30 Jahre Kindertagesstätte Talabu in der Friedrichstraße statt.

Ausgelassene Stimmung beim Sommerfest in der Friedrichstraße 21

2015

5.1.

Maria Regenscheit, langjähriges Vorstandsmitglied und Betreuerin des „Stüble" verstirbt im Januar 2015.

AWO-Info Nr. 23/Februar 2015:
„Viel Arbeit für die Sütterlin-Schreibstube
Die Sütterlin-Schreibstube der AWO blickt auf ein erfolgreiches Jahr zurück. Die Gruppe aus 25-30 meist älteren Ehrenamtlichen trifft sich regelmäßig im Treffpunkt Chérisy und übersetzt dort oder auch zu Hause Feldpost, Briefe, alte Urkunden, Tagebücher usw. aus Familien, die selbst die alte Schrift nicht mehr lesen können. 2014 wurden insgesamt 183 Aufträge bearbeitet, manche waren sehr umfangreich mit 100 und mehr Seiten. Die meisten Anfragen kamen aus Deutschland und aus dem europäischen Ausland, einige sogar aus Übersee. Immerhin 12 zuteil sehr umfangreiche Dokumente wurden für Familien aus dem Landkreis Konstanz „übersetzt". Die Auftraggeber honorieren diese oft sehr mühsame Arbeit mit einer freiwilligen Spende, die der Kinder- und Seniorenarbeit der AWO zugutekommt.

Ehrenmedaille für Roland Schöner/ Mitgliederversammlung des OV Konstanz
Roland Schöner wurde im Rahmen der Mitgliederversammlung des AWO Ortsvereins Konstanz am 25.04.2015 die Ehrenmedaille der AWO Bezirksverband Baden verliehen. Im Vorlauf gab der Ortsvereinsvorsitzende Jens Bodamer seinen ausführlichen Rechenschaftsbericht über das letzte Jahr. Neben der erfolgreichen Sütterlinstube ist u.a. der neugegründete Brillenfonds für Menschen mit wenig Geld ein wichtiges Angebot des Ortsvereins. Jens Bodamer würdigte Roland Schöners 36-jährige Mitgliedschaft, während der er sich für den Ortsverein und den Kreisverband immer wieder in unterschiedlichen ehrenamtlichen Positionen engagiert habe. "Mit viel Energie und Ausdauer war er stellvertretender Vorsitzender und Vorsitzender des OV Konstanz über 27 Jahre hinweg", so Bodamer. Verliehen wurde die Ehrung von Wilfried Pfeiffer, dem Vorsitzenden der AWO Baden. Auch Dietmar Johann, Vorsitzender des Kreisverbands, dankte Roland Schöner für sein langjähriges Wirken im Kreisvorstand. Roland Schöner bleibt dem Ortsverein weiterhin als Beisitzer erhalten. Als sein Nachfolger als Kassierer wurde Daniel Reimer und als weitere Beisitzerin Christine Hähl in den Vorstand gewählt.

Roland Schöner erhält die Ehrenmedaille der AWO Baden

25.4.

Roland Schöner erhält für sein ehrenamtliches Engagement in Ortsverein und Kreisverband zwischen 1983 und 2015 die Ehrenmedaille des AWO-Verbandes Baden.

Alfred Kaufmann, Udo Engelhardt, Manfred Winter, Jens Bodamer und Joachim Trautner (von links) stellten das druckfrische Handbuch für Menschen mit wenig Geld vor. BILD: CARITAS

Handbuch für den schmalen Geldbeutel

Der Leitfaden gibt Menschen mit wenig Geld wichtige Informationen zu rechtlichen Grundlagen und Angeboten in Konstanz

VON MICHAELA EDHOFER

Konstanz – Einfache, übersichtliche und verständliche Informationen für Menschen, die von Armut betroffen oder bedroht sind. Das war die Idee hinter dem „Handbuch für den schmalen Geldbeutel", das von der Arbeiterwohlfahrt Kreis- und Ortsverband Konstanz, der Caritas, der Konstanzer Tafel und der Stadt Konstanz erstellt wurde.

„In erster Linie richtet sich das Handbuch an Menschen, die wenig Geld haben. Darüber hinaus soll es aber auch ein Nachschlagewerk für alle Berufstätigen und ehrenamtlichen Helfer sein, die in ihrer täglichen Arbeit in Kontakt mit den Betroffenen kommen", sagt Manfred Winter, Leiter des Awo-Treffpunkts Chérisy. Menschen mit wenig Geld soll die Möglichkeit gegeben werden, sich über die Grundlagen des sozialen Netzes in Deutschland und über die Angebote in Konstanz informieren zu können.

Das kostenlose Handbuch besteht aus zwei Teilen. Zum einen gibt es eine Übersicht über allgemeine Leistungen und gesetzliche Regelungen. Zum anderen sind Beratungsmöglichkeiten und Anlaufstellen für Familien aufgelistet, sowie beispielsweise auch Tipps für günstige Angebote im Alltag. Das Buch gibt Auskunft, welche Organisationen einkommensschwache Haushalte und besonders auch Kinder unterstützen.

Hier gibt's das Buch

Den Leitfaden gibt an folgenden Stellen zu kaufen: Arbeiterwohlfahrt Konstanz, Chérisy-Straße 15-17 und Friedrichstraße 21; Caritasverband Konstanz, Uhlandstraße 15 und Inselgasse 7, Fairkauf Konstanz, Gartenstraße 48, Diakonisches Werk, Wollmatinger Straße 22, Jobcenter Konstanz, Konzilstraße 9, SKF Konstanz, St. Stephans-Platz 39a, Konstanzer Tafel, Max-Stromeyer-Straße 1.
Online-Version mit Suchfunktionen: www.awo-konstanz.de/handbuch/konstanz
PDF-Version im Internet: www.caritas-konstanz.de/handbuch

Das Handbuch für den schmalen Geldbeutel Konstanz wird der Öffentlichkeit vorgestellt

Im Sommer findet ein Besuch der Gemeinderatsfraktion der SPD und des Vorstands des Ortsvereins der SPD beim Ortsverein der AWO im Treffpunkt Chérisy statt. Themen sind Kinderbetreuung, Pflege und Flüchtlingshilfe. Der Geschäftsführer des Kreisverbandes Reinhard Zedler stellt das Projekt Pflegeheim in Allmannsdorf vor. Die SPD-Fraktion will das Thema Pflege in Konstanz voranbringen.

2016

8.3.

Weltfrauentag
Zum Weltfrauentag am 8. März 2016 beschenkt der AWO-Ortsverein auch Konstanzer Frauen mit Nelken. Insgesamt werden 180 Nelken an die Nutzerinnen der AWO-Einrichtungen in Konstanz überreicht. Jede Nelke ist mit einem Grußkärtchen versehen, das auf eine Videobotschaft zu den AWO-Frauen in der Geschichte verweist. Damals wie heute kämpfen Frauen weltweit an diesem Tag für ihre Rechte und für die Gleichberechtigung.
Immer mehr Frauen sind erwerbstätig, aber noch immer werden Frauen oft schlechter entlohnt als ihre männlichen Kollegen, Allzu oft arbeiten Frauen unter prekären Bedingungen mit niedrigsten Löhnen, in unfreiwilliger Teilzeit, befristet oder in Minijobs. Frauen sind in punkto Einkommen, Karriere und sozialer Sicherung stark benachteiligt.

29.7.

Am 29. Juli findet das erste gemeinsame AWO-Fest statt mit einem Tag der offenen Tür in der neuen AWO-Kindertagesstätte CheriDu auf dem Chérisy-Gelände und der AWO im Treffpunkt Chérisy.

Abbildungsnachweis

Arbeiterwohlfahrt Bezirk Südbaden (Hg.), Unsere Arbeit 1951/52, o. O. o.J. (1953), (Friedrich-Ebert-Stiftung Bonn), S. 9, 10, 18, 40

AWO Bezirksverband Baden e. V., S. 14

AW Südbaden 1919-1949. Ein Rückblick und Wegweiser, Freiburg o. J. (1950), (Friedrich-Ebert-Stiftung Bonn), S. 16

Eisenacher Ute und Leichle Margarethe, 60 Jahre AWO in Baden-Württemberg, 1947-2007, Karlsruhe-Stuttgart 2007, S. 20

Friedrich-Ebert-Stiftung Bonn – Archiv der sozialen Demokratie (AdsD) (6/FOTB038953), S. 5

Helfen und Gestalten. Beiträge und Daten zur Geschichte der Arbeiterwohlfahrt, Bonn 1979, S. 8

Hoffmann H., Der Kindergarten der Arbeiterwohlfahrt, Bonn 1989, S. 6, 7

Privat, S. 29, 30, 31

Sprachendienst, S. 32

Wobak Konstanz, S. 28

Alle übrigen Fotos: AWO Konstanz

Südkurier-Fotos im Text genannt